DAS AKTIEN & ETF HANDBUCH 2022

Alles, was Sie als Einsteiger für den erfolgreichen Start an der Börse wissen müssen und wie Sie sich durch intelligentes Investieren ein Vermögen aufbauen können

MARCEL FRIEDMANN

Alle Ratschläge in diesem Buch wurden vom Autor und vom Verlag sorgfältig erwogen und geprüft. Eine Garantie kann dennoch nicht übernommen werden. Eine Haftung des Autors beziehungsweise des Verlags für jegliche Personen-, Sach- und Vermögensschäden ist daher ausgeschlossen.

Das Aktien- & ETF-Handbuch 2022
Alles, was Sie als Einsteiger für den erfolgreichen Start an der Börse wissen müssen und wie Sie sich durch intelligentes Investieren ein Vermögen aufbauen können

ISBN: 978-3-910242-00-5 | Copyright © 2022 | 1. Auflage 03/2022

Marcel Friedmann

Inhalt

Einleitung

Wünschen auch Sie sich sehnsüchtig die alten Zeiten herbei, in denen die jährlichen Zinsen für das Sparbuch noch bei 5 % oder mehr lagen und man so, ohne nachzudenken sein Erspartes auf dem Konto sich vermehren lassen konnte? Nun, da muss ich Sie leider enttäuschen, denn wie Sie sicherlich schon selbst bemerkt haben, sind diese Zeiten definitiv vorbei und man muss schon froh sein, wenn man der Bank nichts dafür zahlen muss, um sein hart erspartes Geld aufzubewahren. Die gute Nachricht allerdings lautet, es gibt auch heute noch echte Alternativen zum Sparbuch von damals, die solche und sogar noch deutlich höhere Renditen bieten können. Die Antwort lautet – Wertpapiere! Der Begriff sagt Ihnen vielleicht etwas, aber so richtig intensiv beschäftigt haben Sie sich mit dem Thema bis dato noch nicht? Kein Problem, denn dieser Ratgeber nimmt Sie mit in die spannende Welt der Wertpapiere und macht Sie fit für die Investition in Aktien, Anleihen, ETFs und Co.

Warum Sie in Wertpapiere investieren sollten

Ein Hauptgrund, der für die Anlage in Wertpapiere spricht, ist die Inflation. Sie betrug im Februar 2022 rund 5 % in Deutschland. Als Inflation bezeichnet man die Geldentwertung als Folge von Preissteigerungen. Um es vereinfacht auszudrücken, können Sie sich bei einer Inflation von 5 % für denselben Geldbetrag 5 % weniger kaufen als im Vorjahr. Dazu aber später mehr. Demgegenüber stehen die aktuellen Zinsen für Ihr Sparbuch, die sich in etwa bei 0,0125 % befinden. Da versteht sich das Fazit von selbst: Ihr Sparbuch arbeitet nicht für Sie, bringt Ihnen keine jährliche Rendite, sondern lässt Sie bezahlen. Ja, Sie lesen richtig. Das Sparbuch bringt Ihnen nicht nur kein Geld, es kostet Sie sogar Geld. Denn die Ihrem Zinssatz für das Sparbuch gegenüberstehende, prozentual deutlich höhere Inflation, frisst Ihr Erspartes förmlich auf! Sie verlieren bares Geld, wenn Sie Ihr Erspartes einfach auf dem Sparbuch verweilen lassen. Zusammengefasst lässt sich sagen, dass Sie daher eine Anlagemöglichkeit benötigen, die Ihnen eine jährliche Rendite zumindest in der Höhe der jährlichen Inflation einbringt. Nur dann ist gesichert, dass Sie kein Geld durch die Inflation verlieren. Im Idealfall ist die Rendite sogar deutlich höher und Ihre Anlage unterstützt Sie beim Vermögensaufbau, um sich zum Beispiel Ihre Rente zu sichern, sich einen Traum zu erfüllen oder die Ausbildung Ihrer Kinder zu finanzieren.

Und da kommt die Anlage mittels sogenannter Wertpapiere ins Spiel. Das mag sich im ersten Moment bedrohlich anhören oder anfühlen, schließlich kennen wir sie alle – die Horrorgeschichten vom Nachbarn oder dem Onkel, die erzählen, wie sie Tausende von Euros durch Aktienspekulation verloren haben. Doch meistens findet sich in all den Geschichten ein gemeinsamer Nenner wieder: blauäugiges Spekulieren ohne ausreichende Vorkenntnisse! Und genau da liegt der Unterschied zu Ihnen. Sie erhalten mithilfe dieses Ratgebers das Wissen und Verständnis, um Ihr Erspartes effektiv und erfolgreich anzulegen. Die Bandbreite bei Wertpapieren ist groß und nicht jede Anlageform ist für jeden Risikotyp geeignet. Deshalb gibt es nicht das ultimative Wertpapier und den perfekten Anlagetipp. Anlage hängt auch von Ihrer Persönlichkeit ab. Welcher Risikotyp Sie sind, welche Vorkenntnisse und welches Vorwissen Sie haben, was Ihr Ziel mit der Anlage sein soll, welchen Anlagehorizont Sie anstreben und ob Sie sich aktiv mit den Wertpapieren und deren Entwicklung auseinandersetzen möchten. All das sind Faktoren, die einen Einfluss darauf haben, welche Anlageform die richtige für Sie ist. Deshalb verlieren wir keine Zeit und starten gleich mit dem Basiswissen.

Bevor es losgehen kann – Das ABC der Finanzen

Bevor wir starten, möchte ich Ihnen hier ein kleines Nachschlagewerk an die Hand geben. Darin enthalten sind die wichtigsten Finanzbegriffe, auf die Sie im Laufe dieses Ratgebers stoßen werden. Die jeweiligen Erklärungen sollen Ihnen beim Verstehen der teilweise etwas komplexen Themen helfen. Eventuell werden einige Erläuterungen hier zum jetzigen Zeitpunkt für Sie noch schwer zu verstehen sein, deshalb empfehle ich Ihnen einfach weiterzulesen, denn viele der Begriffe werden später im Text noch ausführlicher erläutert und sind dann im Kontext auch einfacher zu begreifen.

Wichtige Finanzbegriffe

Börse: Dies ist der Handelsplatz, an dem der Kauf und Verkauf von Wertpapieren ermöglicht wird. Unternehmen erhalten durch den Gang an die Börse zusätzliches Kapital.

Cashflow: Das ist der Geldfluss in einem Unternehmen, der sich entweder als Zufluss oder Abfluss von liquiden Mittel darstellt.

Depot: Das Depot ist der Aufbewahrungsort für Ihre Wertpapiere. Das Wertpapierdepot ermöglicht es Ihnen, Käufe und Verkäufe abzuwickeln.

Diversifikation: Mit der sogenannten Diversifizierung ist die Streuung des Vermögens auf mehrere Finanzprodukte gemeint. Damit macht man sich weniger abhängig von einer einzigen Anlageform und reduziert so das Risiko von Verlusten bei gleichzeitiger Steigerung der Chancen auf Gewinne.

Dividenden: Als Dividenden werden Zahlungen („Ausschüttungen") von erfolgreichen Unternehmen an ihre Aktionäre bezeichnet. Anleger werden damit also am Gewinn des Unternehmens beteiligt, in das sie investiert haben.

Einlagensicherung: Die Einlagensicherung ist jene Garantie, dass die Einlagen (Ersparnisse) eines Anlegers auch dann geschützt sind, wenn die Bank in eine finanzielle Schieflage gerät. In so einem Fall kommt der Staat aufgrund der gesetzlichen

Einlagensicherung für Ihre Einlagen auf. Dieser Betrag ist jedoch in Deutschland auf eine Maximalhöhe von 100.000 EUR, in besonderen Fällen 500.000 EUR, beschränkt.

Fonds: Ein Fonds ist das gesammelte Kapital von mehreren Anlegern, das in unterschiedliche Anlageformen investiert wird. So wird es einem Anleger bereits mit einem geringen Kapital ermöglicht, dass dieser sein Risiko durch Diversifizierung streuen kann.

Futures: Hierbei handelt es sich um Termingeschäfte, die an Börsen gehandelt werden. Bei Termingeschäften verpflichtet sich ein Käufer vertraglich dazu, einen Vermögenswert oder eine Ware zu einem im Vorhinein vereinbarten Preis und Zeitpunkt abzunehmen. Der Verkäufer wiederum ist verpflichtet, zum vereinbarten Zeitpunkt und Preis zu liefern. Termingeschäfte, die außerhalb der Börse abgewickelt werden, sind sogenannte „Forwards".

Gewinn: Der Gewinn eines Unternehmens ist jener Betrag, der sich aus den Erlösen und den Kosten ergibt. Bei Kursgewinnen ergibt sich dieser aus der Differenz zwischen Ankaufskurs und Verkaufskurs.

Hedgefonds: Das sind alternative, aktiv gemanagte Fonds, die außerhalb der Börse gehandelt werden. Anlegerinnen und Anleger verfolgen bei dieser Form der Investition das Ziel, maximale Rendite zu erreichen. Dafür werden oftmals hohe Risiken in Kauf genommen.

Investmentbank: Dabei handelt es sich um eine spezielle Form von Banken, die sich auf Investmentgeschäfte, Vermögensverwaltung für Kunden und den Handel mit Wertpapieren spezialisiert haben. Zusätzlich unterstützen sie Unternehmen dabei, den Börsengang umzusetzen.

Joint-Venture: Dabei handelt es sich um einen Zusammenschluss von zwei oder mehreren Unternehmen, sprich eine Form von Kooperation.

Kennzahlen: Es gibt eine Vielzahl von Kennzahlen mit völlig unterschiedlicher Aussagekraft. Sie sind insbesondere Indikatoren, um von außen betrachtet beurteilen zu können, wie es um ein Unternehmen steht.

Liquidität: Hier handelt es sich um Barmittel bzw. Liquidierung. Die Liquidität eines Unternehmens drückt aus, wie schnell dieses fähig ist, seinen Zahlungsverpflichtungen nachzukommen. Es gibt also Aufschluss über die Zahlungsfähigkeit eines Unternehmens.

MSCI: Der MSCI steht abgekürzt für Morgan Stanley Capital International. Es handelt sich dabei um einen Finanzdienstleiter, der internationale Branchen- und Länder-Vergleiche zieht und berechnet. Diese sind insbesondere als Benchmark (Vergleichsmaßstab) für Fondsmanager relevant.

Nullkuponanleihen: Dabei handelt es sich um eine Sonderform der Anleihe. Hierbei werden nicht während der Laufzeit

Zinsen bezahlt, sondern am Ende der Laufzeit ein deutlich höherer Rückzahlungsbetrag.

Option: Eine Option ist mit einem Recht ausgestattet, jedoch nicht mit der Verpflichtung, eine definierte Menge eines Guts zu einem vorher festgelegten Preis und Zeitpunkt zu verkaufen oder zu kaufen. Wenn das Recht der Option zu dem festgelegten Zeitpunkt nicht wahrgenommen wird, dann wird diese wertlos und verfällt.

Portfolio: Das ist die Sammlung von Investitionen und Kapitalanlagen eines einzelnen Investors. So können sich schon bald in Ihrem Portfolio sämtliche Aktien, Anleihen und andere Wertpapiere befinden.

Quote: Dabei handelt es sich um das verbindliche Anbieten von Börsenkursen durch einen Teilnehmer am Markt.

Rendite: Die Rendite bezeichnet den Ertrag einer Geldanlage als Prozentsatz des eingesetzten Kapitals. Sie ist eine der wichtigsten Kriterien für Investoren bei der Auswahl geeigneter Anlageformen.

Rentabilität: Die Rentabilität ist eine Kennzahl aus der Betriebswirtschaftslehre, die Aufschluss darüber gibt, wie gewinnbringend eine Anlage war. Sie berechnet sich aus dem Verhältnis von eingesetztem Kapital und den Gesamterträgen.

Squeeze-Out: Beim sogenannten Squeeze-Out können Minderheitsaktionäre ausgeschlossen werden, wenn ein Gesellschafter mindestens 95 % der Anteile eines Unternehmens besitzt. Der Mehrheitsaktionär kann dabei die restlichen Aktionäre aus dem Unternehmen drängen und deren Anteile kaufen. Die Kleinaktionäre können dagegen nicht ankämpfen.

Thesaurierung: Die Thesaurierung ist das Gegenteil von Ausschüttung. Wenn Gewinne thesauriert anstatt ausgeschüttet werden, verbleiben diese im Unternehmen und werden für Investitionen verwendet, sozusagen reinvestiert.

Umsatz: Der Umsatz ist der gesamte Wert, den ein Unternehmen innerhalb eines Zeitraumes durch erbrachte Leistungen abgesetzt hat. Der Umsatz wird oftmals auch als Erlöse bezeichnet. Vereinfacht erklärt, handelt es sich dabei um die Verkaufserlöse ohne Abzug der Kosten.

Vermögen: Es handelt sich dabei um den in Geld ausgedrückten Wert sämtlicher materieller und immaterieller Güter. Das Vermögen ist demnach nicht nur Ihr Kapital, dazu zählen auch Ihre Aktien, Anleihen, Immobilien oder Ihre Rolex.

Wall-Street: Die Wall-Street ist eine konkrete Straße, die sich in New York befindet, an der sich eine der bedeutendsten Börsen der Welt befindet – nämlich die New York Stock Exchange.

Xetra: Bei dem im Jahre 1997 in Deutschland gegründeten elektronischen Börsenhandelssystem können theoretisch Aktien rund um die Uhr gehandelt werden.

Yankee-Bonds: Yankee-Bonds sind Anleihen, welche sich vom Begriff „Yankee“, welcher für „Fremde“ steht, ableiten. Das kommt daher, dass die in den USA in Dollar bemessenen Anleihen von ausländischen Banken oder Gesellschaften aufgelegt werden.

Zinsen: Zinsen sind Beträge, die für die Kapitalverleihung anfallen. Je nachdem, ob Sie der Kapitalgeber oder Kapitalnehmer sind, erhalten oder zahlen Sie für Ihr Kapital Zinsen.

Basiswissen

Wie entsteht und funktioniert Inflation?

Von Inflation spricht man im Allgemeinen immer dann, wenn das Preisniveau von Waren und Dienstleistungen steigt. Wenn das passiert, kommt es zur Geldentwertung – Ihr Geld wird weniger wert, da Sie ja vor der Erhöhung des Preisniveaus für denselben Geldbetrag mehr Waren und Dienstleistungen kaufen konnten. Grundsätzlich werden Sie nicht bei jedem Produkt oder bei jeder Dienstleistung den Preis im Kopf haben, das kann dazu führen, dass Ihnen eine Preissteigerung zunächst gar nicht auffällt. Um subjektive Eindrücke außen vorzulassen, gibt es die Inflation als Indikator, die in Prozent gemessen wird und zeigen soll, um wie viel Prozent im Schnitt das Geld weniger wert geworden ist. In Deutschland wird die Inflation vom Statistischen Bundesamt in Wiesbaden gemessen. Dort wird ein Warenkorb erstellt, der den üblichen Konsum einer durchschnittlichen deutschen Familie darstellen soll. Der Warenkorb lässt sich in drei Kategorien aufteilen: Alltagsprodukte wie Lebensmittel, langlebige Wirtschaftsgüter wie eine Waschmaschine und Dienstleistungen wie ein Friseurbesuch. Die Preise der jeweiligen Kategorien im Warenkorb werden jeden Monat angeglichen und anschließend wird untersucht, wie sich diese entwickelt haben. Diese Entwicklung kann man in dem sogenannten Verbraucherpreisindex nachlesen. Aus der prozentualen Erhöhung der Kosten für den Warenkorb, im Vergleich zu den Kosten desselben Warenkorbs im Vorjahr, ergibt sich die Inflation. Es handelt sich hierbei um einen Durchschnitt, deswegen ist die Inflationsrate immer von den eigenen Bedürfnissen abhängig, je nachdem betrifft Sie die Inflationsrate entsprechend stärker oder schwächer. Die Frage ist nun, was zur Verteuerung des Warenkorbes und damit zur Inflation führt. Ein Grund dafür kann sein, dass die Geldmenge schneller wächst als die Warenmenge. Wenn mehr Geld im Umlauf ist, jedoch immer noch genauso viele Waren existieren, kommt es zu Preissteigerungen. Die steigende Geldmenge kann durch die Europäische Zentralbank (EZB) veranlasst werden. Ein weiterer Grund für die Verteuerung der Produkte kann die Erhöhung von Produktionskosten sein. Das kann auf höhere Rohstoffpreise oder steigende Lohnkosten zurückgeführt werden. Worum es sich bei der EZB genau handelt, wird im nächsten Punkt näher erläutert.

Die Europäische Zentralbank

Die Europäische Zentralbank, kurz EZB ist die Zentralbank der Euroländer. Die EZB ist sozusagen die Bank der Banken. Ihre Hausbank leiht sich bei der EZB gegebenenfalls Geld oder lagert ihre Mindestreserven ein. Die in Frankfurt ansässige EZB unterliegt keiner politischen Kontrolle und ist daher unabhängig. Die Hauptaufgabe der EZB ist es, die Preisstabilität im Euroraum zu gewährleisten. Sie hat es sich zum Ziel gesetzt, die Inflationsrate auf einem Niveau von 2 % zu halten. Dies ist darauf zurückzuführen, dass man eine Hyperinflation, bei der die Preise in kürzester Zeit enorm steigen, unbedingt vermeiden möchte. Da die Deflation, sprich die Verringerung der Preise, für eine Wirtschaft genauso schädlich ist wie eine Hyperinflation, stellen 2 % Inflation einen gesunden Richtwert dar. Die Wahrung der Preisstabilität ist ein bedeutendes Ziel der EZB. Das Ziel der Europäischen Union ist wiederum das Wirtschaftswachstum, was durch die EZB unterstützt wird, solange die Preisstabilität gewährleistet ist. In den letzten Jahren hat die EZB immer mehr Aufgaben übernommen, so ist sie beispielsweise das einzige Institut, das die Druckgenehmigung an nationale Notenbanken erteilen kann. Seit 1999 verwaltet die EZB die Währungsreserven der Euroländer und übernimmt seit der Finanzkrise 2008 zusätzliche Aufgaben in der Bankenregulierung. Um die beiden Hauptziele Preisstabilität und Wirtschaftswachstum zu verfolgen, stehen der EZB drei Instrumente zur Verfügung: Zinspolitik, Mindestreserven und sogenannte Offenmarktgeschäfte. Mit der Zinspolitik kann die

EZB die Geldmenge steuern, die einen direkten Einfluss auf die Inflation hat. Hierzu steht ihr der Leitzins zur Verfügung. Dieser wird von der EZB selbst festgelegt und stellt jenen Zinssatz dar, zu dem sich die Banken von der EZB Kapital leihen oder Kapital bei der EZB parken können. Dieser Leitzins beeinflusst das allgemeine Zinsniveau – davon ist z. B. der Zinssatz abhängig, den Sie für Ihre Sparbucheinlagen erhalten, sowie jener Zinssatz, zu dem Sie einen Kredit von der Bank aufnehmen können. Je niedriger der Leitzins ist, desto niedriger sind auch die Zinsen, die Sie für Ihre Spareinlagen erhalten. Aktuell befinden wir uns in einer Niedrigzinsphase, seit der Finanzkrise 2008 schmelzen die Zinsen nur so dahin – umso wichtiger ist es, dass Sie andere Möglichkeiten finden, Ihr Geld anzulegen und zu investieren. Der Vorteil des niedrigen Leitzinssatzes sind die Sollzinsen – sprich die Kreditzinsen. Das führt somit bei Wohnkrediten zu niedrigeren Zinsen. Ziel ist es, bei der Zinspolitik ein Gleichgewicht zwischen Wirtschaftswachstum und Preisstabilität zu finden. Des Weiteren kann die EZB die Geldmenge mit der Mindestreservenpolitik und den Offenmarktgeschäften steuern. Bei der Mindestreserve handelt es sich um eine Mindesteinlage, welche von allen Banken auf ihren Konten bei der EZB eingelagert werden muss. Die EZB kann einen Mindestreservesatz festlegen und somit über dessen Höhe steuern, wie viel Kapital auf den Konten vorliegen muss und demzufolge dem Markt in gewisser Weise entzogen wird. Je höher also der Mindestreservesatz, desto weniger Kapital steht dem Markt zur Verfügung was wiederum bedeutet, dass weniger Geld zum Verleih in Form von Krediten zur Verfügung steht, was dann zu steigenden Zinsen führt. Angenommen ein Kreditinstitut hat also Kundeneinlagen in Höhe von 10 Milliarden Euro und beträgt der Mindestreservesatz 10 %, muss dieses Kreditinstitut insgesamt mindestens eine Milliarden Euro auf dem EZB-Konto als Mindesteinlage lagern. Bei den Offenmarktgeschäften stellt die EZB dem offenen Markt direkt Staats- oder Bankanleihen zur Verfügung. So kann die EZB auch schwachen Wirtschaftsnationen direkt unter die Arme greifen. Das hat in der Vergangenheit zu Kritik geführt, da es der EZB grundsätzlich nicht erlaubt ist, Staaten zu finanzieren. In der europäischen Schuldenkrise hat die EZB dies jedoch als notwendig erachtet, um die Preisstabilität aufrechtzuerhalten. Nachdem nun die ersten Grundbegriffe der Finanzwelt geklärt sind, tauchen wir etwas tiefer ein in die Materie des Investierens und klären die Frage, was Wertpapiere sind und welche Arten es gibt.

Was sind Wertpapiere?

Der Begriff „Wertpapiere" fasst unterschiedliche Anlageformen zusammen. Ein Wertpapier ist eine Urkunde über ein Recht, das mit einem Wert verbunden ist. Dieser Wert sind meist regelmäßige Erträge aus Zinsen oder Dividenden. Als Dividenden werden Ausschüttungen von erfolgreichen Unternehmen an ihre Aktionäre bezeichnet. Anleger werden damit also am Gewinn des Unternehmens beteiligt, in das sie investiert haben. Ursprünglich wurden Wertpapiere noch in Papierform ausgestellt. Heutzutage gibt es sie allerdings nur noch in elektronischer Form online als digitale Wertpapiere. Wertpapiere lassen sich in verschiedene Kategorien unterteilen. Die bedeutendsten davon sind Aktien, Optionsscheine und Zertifikate, Anleihen bzw. festverzinsliche Wertpapiere sowie ETFs und Fonds. Auf diese Wertpapierarten werden wir im Folgenden nun näher eingehen.

Was wird unter Anleihen verstanden?

Eine Anleihe wird auch als „Obligation" oder „Rentenpapier" bezeichnet – im Englischen wird meist von „Bonds" gesprochen. Darunter versteht man zumeist ein festverzinsliches Wertpapier, das bedeutet Sie erhalten regelmäßig einen festen Zinssatz. Anleihen dienen als Finanzierungsform von Staaten oder Unternehmen, dann werden sie entweder als Staatsanleihe oder Unternehmensanleihe bezeichnet. Die Staatsanleihe in Deutschland ist unter dem Begriff „Bundesanleihe" bekannt. Sie dient der Finanzierung des deutschen Staates. Dasselbe gilt für Unternehmen. Wenn ein Unternehmen eine höhere Investition plant, z. B. den Kauf eines anderen Unternehmens, hat es oftmals einen hohen Kapitalbedarf. Um dieses Kapital zu erhalten, existieren grundsätzlich zwei Möglichkeiten: Entweder gibt das Unternehmen neue Aktien oder Anleihen heraus und emittiert dadurch Schuldscheine am Kapitalmarkt. Für diese Schuldscheine erhält das Unternehmen Geld, welches am Ende der Laufzeit wieder zurückgezahlt werden muss. Das Ganze können Sie sich wie bei einem klassischen Kredit vorstellen. Nur ist in diesem Fall nicht die Bank als Geldgeber involviert, sondern Anleger am Börsenmarkt. Während der Laufzeit muss das Unternehmen Zinsen bezahlen, wie bei einem üblichen Bankkredit.

Eine Anleihe besteht grundsätzlich aus dem Nennwert, dem Kuponzins und der Laufzeit. Der Nennwert ist die Stückelung, mit dem der Anleger dem Staat oder Unternehmen Geld leiht. Der Kuponzins ist der Zinssatz, zu dem der Staat oder das Unternehmen Geld vom Anleger leiht. Meistens werden die Zinsen jährlich bezahlt, bei US-amerikanischen Anleihen sind hingegen vierteljährliche Zinszahlungen üblich. Die Laufzeit liegt bei einer Anleihe zwischen drei und sieben Jahren, kann aber auch deutlich länger dauern. Gerade bei Staatsanleihen ist eine lange Laufzeit – z. B. 30 Jahre – nicht unüblich. Das bedeutet jedoch nicht, dass Sie beim Kauf einer Anleihe 30 Jahre auf Ihr Geld warten müssen. Denn Anleihen sind – genauso wie Aktien – an der Börse gehandelte Wertpapiere. Ein Kauf oder Verkauf der Anleihe während der Laufzeit ist daher problemlos möglich. Die Anleihe hat ebenfalls einen Kurswert, dieser wird allerdings nicht wie bei einer Aktie in Euro gemessen, sondern in Prozent. Bei einem 100 % Nennwert bedeutet das, dass Sie 100 % des Wertes zahlen müssen und am Ende der Laufzeit 100 % zurückbekommen. Wenn der Nennwert unter 100 % liegt, ist ein günstigerer Kauf möglich. Von einer Anleihe können Sie daher in zweierlei Hinsicht profitieren: auf der einen Seite von den Kursgewinnen und auf der anderen Seite von den jährlichen Zinszahlungen. Manche Anleihen sind deutlich höher verzinst als andere. Wenn Sie sich die Zinssätze von Staatsanleihen länderspezifisch ansehen, fällt auf: Die Verzinsung der Bundesanleihe ist niedriger als die Verzinsung der griechischen Staatsanleihe. Warum ist das so? Der Grund liegt beim sogenannten Kreditrating – hierbei wird die Bonität bewertet. Unter Bonität versteht man die Kreditwürdigkeit eines Unternehmens bzw. Staates. Die Frage ist dabei immer: Wie zahlungsfähig ist der jeweilige Kreditnehmer bzw. im konkreten Fall der jeweilige Staat? Ratingagenturen, die sich damit näher beschäftigen, sind z. B. Standard & Poor's, FitchRatings und Moody's. Diese Agenturen beurteilen die Wahrscheinlichkeit, mit der ein Land oder Unternehmen bankrottgehen und somit seine Anleihe nicht oder nur teilweise zurückbezahlen kann. Da es in Griechenland vor einigen Jahren zu einem Schuldenschnitt bzw. Schuldenerlass aufgrund von großen finanziellen Schwierigkeiten gekommen ist, haben die Anleger nur zum Teil Ihren Nennwert zurückerhalten. Dies zeigt, dass das Ausfallrisiko einer griechischen Aktie höher ist als die der Bundesanleihe. Daher müssen für eine griechische Anleihe auch mehr Zinsen bezahlt werden. Denn für dieses höhere Risiko möchten Investoren verständlicherweise höher vergütet werden. Dieses Risiko lässt sich auch am Kreditrisiko ablesen. Deutschland hat mit Triple A (AAA) die Bestnote im Kreditrating, während Griechenland nur ein CCC+ vorweisen kann. Unternehmen können kein AAA-Rating erreichen, da Sie im Normalfall anfälliger für finanzielle Schwierigkeiten im Vergleich zu Staaten sind. Zusammenfassend lässt sich sagen, dass Anleihen weniger riskant sind als Aktien. Im Falle einer Insolvenz werden Anleiheinvestoren zuerst aus der Insolvenzmasse bedient, wohingegen Aktionäre erst am Schluss aus der übrigen Masse ausgezahlt werden. Anleihen eignen sich daher sehr gut zur Risikominimierung in Portfolios. Es hat Sinn, Anleihen bei der Anlage beizumischen. Zahlreiche Fondsmanager nutzen die Beimischung von Anleihen, um einen Fonds weniger riskant zu gestalten.

Was sind Aktien?

Grob gesagt ist eine Aktie ein verbriefter Anteil an einem Unternehmen. Das bedeutet vereinfacht ausgedrückt, mit dem Kauf einer Aktie kaufen Sie sich einen Anteil an einem Unternehmen. Sie fragen sich vielleicht, wie entstehen Aktien und warum verkauft ein Unternehmen seine Anteile über Aktien? In der Regel betrifft dies Unternehmen, die expandieren möchten. Da eine Expansion bzw. Vergrößerung und Erweiterung des Unternehmens mit hohen Kosten verbunden sind, existiert diese Möglichkeit. Für die Ausgabe von Aktien muss das jeweilige Unternehmen als Aktiengesellschaft gegründet werden. Mit der Gründung einer Aktiengesellschaft ist jedoch nicht automatisch der Weg zur Börse gesichert. Dafür gibt es Voraussetzungen, die erfüllt werden müssen, auf die wird in diesem Ratgeber nun nicht näher eingegangen. Relevant für die Berechnung des Aktienwerts ist der jeweilige Unternehmenswert, dividiert durch die Anzahl aller Aktien dieses Unternehmens. Die Personen, die sich einen Anteil eines Unternehmens in Form einer Aktie kaufen, werden Aktionäre genannt. Sie haben kein Recht auf Zinsen und auch kein Recht auf die Rückzahlung des investierten Kapitals. Warum sollte also jemand ein derartiges Risiko eingehen? Aktionäre profitieren vom jährlichen Gewinn des Unternehmens und erhalten dafür die sogenannte Dividende, sprich Gewinnausschüttung. Eine Gewinnausschüttung setzt allerdings Gewinne im jeweiligen Geschäftsjahr voraus. Keine Gewinne oder sogar Verluste bedeuten daher keine Dividende. Es handelt sich um ein risikoreicheres Investment, da Sie in ein konkretes Unternehmen investieren und davon abhängig sind, wie dieses performt. Mehr Risiko in der Anlage bedeutet jedoch auch mehr Ertragschancen. Damit nicht genug, Aktionäre profitieren nicht nur von der Performance des Unternehmens. Ein weiteres Recht, das mit dem Kauf der Aktie verbunden ist, ist das sogenannte Stimmrecht in der Hauptversammlung. Sie als Aktionär dürfen bei wichtigen Entscheidungen, die das Unternehmen betreffen, mitreden. Doch was ist eine Hauptversammlung? Aktiengesellschaften sind dazu verpflichtet, einmal jährlich eine Hauptversammlung abzuhalten, zu der jeder Aktionär eingeladen wird. Beim Stimmrecht ist die Gewichtung der Stimme abhängig von der Anzahl der Aktien, die sich im Besitz des jeweiligen Stimmberechtigten befinden. Der Wert der Aktie ergibt sich aus dem Wert des Unternehmens. Bei einem Eigenkapital von 10 Mio. EUR und einer Ausgabe von 1 Mio. Aktien wäre der Wert pro Aktie 10 EUR. Wenn in diesem Beispiel eine Person nun 100.000 Aktien des Unternehmens gekauft hat, gehören ihr somit 10 % des Unternehmens. Aktien werden täglich an der Börse gehandelt. Der tatsächliche Preis hängt von Angebot und Nachfrage ab.

Bei Aktien wird zwischen mehreren Arten unterschieden. Zum einen werden Aktien nach ihrer Übertragbarkeit kategorisiert. Es gibt Inhaberaktien, Namensaktien und vinkulierte Namensaktien. In der Praxis ist die Inhaberaktie die üblichste Form. Bei dieser reicht es, die Aktie zu besitzen, um alle Rechte eines Aktionärs zu erhalten. Die jeweilige Aktiengesellschaft weiß somit nicht zu jedem Zeitpunkt, wer tatsächlich Besitzer der Aktienanteile ist. Bei einem Verkauf oder einer Übertragung der Inhaberaktie ist somit eine Mitteilung an die Aktiengesellschaft nicht zwingend notwendig. Anders hingegen verhält es sich bei einer Namensaktie. Bei dieser ist der jeweiligen Aktiengesellschaft der Name bekannt und wird sogar im sogenannten Aktienbuch vermerkt. Folglich müssen Sie bei einem Verkauf oder einer Übertragung die Aktiengesellschaft darüber informieren. In der Praxis übernimmt dies die depotführende Bank direkt für Sie. Eine Sonderform der Namensaktie ist die sogenannte vinkulierte Namensaktie. Bei dieser wird ebenfalls der Name in einem Aktienbuch eingetragen, allerdings bedarf es bei Übertragungen die Zustimmung der jeweiligen Aktiengesellschaft. Die Aktiengesellschaft kann somit bei einer vinkulierten Namensaktie den Verkauf oder die Übertragung der Aktie verhindern. Sie fragen sich jetzt vielleicht, wozu es vinkulierte Namensaktien überhaupt gibt? Unternehmen können sich so vor feindlichen Übernahmen schützen.

Eine weitere Unterscheidung bei Aktien ist die Einteilung in Stamm- und Vorzugsaktien. Die Stammaktie ist eine gängige Aktienform, die sämtliche Aktionärsrechte umfasst. Die Vorzugsaktie hingegen hat gegenüber der Stammaktie Nachteile, da kein Stimmrecht ausgeübt werden kann. Dies führt dazu, dass Vorzugsaktien günstiger als Stammaktien sind. Es sollte allerdings dazugesagt werden, dass Privatanleger meist nur einen geringen Anteil am Unternehmen erwerben und dadurch ohnehin über kein relevantes Mitspracherecht verfügen, da dieses erst ab einem Investment im Millionenbereich ins Gewicht fallen würde. Manche Unternehmen zahlen den Vorzugsaktionären eine etwas höhere Dividende. Daraus ergibt sich der Vorzug bzw. Vorteil, den diese gegenüber Stammaktionären erhalten. Durch den niedrigeren Preis und die Möglichkeit höherer Dividenden kann es dementsprechend als Privatanleger durchaus interessant sein, eine Vorzugsaktie zu erwerben. Am häufigsten kommt in Deutschland die Inhaberaktie vor. Falls Ihre Aktie keine Inhaberstammaktie sein sollte, erkennen Sie dies direkt am Namen. Dort ist vermerkt, ob es sich um Namensaktien, vinkulierte Namensaktien oder Vorzugsaktien (VZ) handelt.

Zusammengefasst können Sie bei der Investition in Aktien von der jährlichen Beteiligung am Gewinn des Unternehmens in Form von sogenannten Dividenden profitieren, die unmittelbar an den Aktionär ausgeschüttet und damit gutgeschrieben werden. Eine weitere Möglichkeit, von der Investition in Aktien zu profitieren, ist der Kursgewinn. Der Preis der Aktie ändert sich und ist abhängig von Angebot und Nachfrage. Wenn die Nachfrage und damit der Kurs steigen, können Sie die Aktie teurer verkaufen als Sie diese eingekauft haben. Der Kurs einer Aktie steigt in der Regel, wenn viele Anleger denken, dass dem

Unternehmen eine vielversprechende Zukunft bevorsteht und entsprechend Aktien dieses Unternehmens kaufen.

Der Vorteil von Aktien ist, dass die Ertragsmöglichkeiten sehr hoch sind. Das ist aber gleichzeitig mit einem höheren Risiko verbunden – vor allem, wenn sie lediglich in ein einziges Unternehmen investieren. Eine Grundregel beim Investieren und Anlegen lautet deshalb, das Risiko durch Diversifikation zu minimieren. Es wäre daher keine gute Idee, wenn Sie nur eine einzige Aktie kaufen und in Ihrem Depot lassen. Sie könnten natürlich Glück haben – wenn Sie 1997 die Amazon-Aktie gekauft und bis heute behalten hätten, würden Sie sich jetzt über einen großartigen Gewinn freuen. Um genau zu sein, hätte Ihr angelegtes Kapital einen Zuwachs von ca. 180.000 % erfahren (Stand März 2022), was bei einem Invest von 100 € bereits 180.000 € wären. Aber wer weiß schon, welches Unternehmen von heute in 20 oder 30 Jahren noch erfolgreich sein wird? Richtig, niemand. Es ist und bleibt deshalb reine Spekulation. Wenn Sie also in Einzelaktien investieren möchten, sollte Ihnen ein größerer Geldbetrag zur Verfügung stehen, den Sie ohne Weiteres investieren können. Sie sollten nicht eine einzelne Aktie kaufen, sondern mehrere und am besten differenziert in unterschiedlichen Branchen und Regionen, um eine möglichst breite Streuung zu erzielen. Falls Sie jetzt denken, na großartig – ich habe kein großes Kapital zur Verfügung, welches ich einfach so investieren kann – keine Sorge, lesen Sie weiter, der nächste Abschnitt erläutert noch andere Anlagemöglichkeiten, die auch etwas für den kleineren Geldbeutel sind.

Was sind ETFs?

ETF steht für den englischen Begriff *Exchange Traded Fund*. Er bewegt sich wie ein Index und bildet diesen ab. Im Gegensatz zu anderen Index-Produkten haben ETFs einen geringen Tracking-Error, das bedeutet eine geringe Abweichung zum Index. Grundsätzlich sind ETFs ähnlich wie Aktien und werden täglich börsengehandelt. Hinter einem ETF stehen keine Fondsgesellschaft und somit auch kein Fondsmanager, der sich aktiv gewisse Positionen aussucht und handelt. Beim ETF funktioniert dies selbstständig – die Anpassung findet zumeist über ein Computersystem statt, das automatisch handelt. Klingt im ersten Moment vielleicht dubios – ein Computersystem, das automatisch entscheidet. Aber das ist es nicht. Es bringt immense Vorteile mit sich, denn bei ETFs wird kein Fondsmanager benötigt und dies spart einiges an Kosten.

Bei ETFs unterscheidet man zwischen unterschiedlichen Arten. Eine dieser Arten ist die sogenannte physische Abbildung. Bei dieser Form wird eine Gesellschaft gegründet, die die Wertpapiere physisch einkauft. Das führt dazu, dass der Wert der Gesellschaft genauso schwankt wie der Wert der jeweiligen Titel. Um den Anlegern dann einen Zugang zu schaffen – und sie somit Anteilnehmer werden zu lassen – gibt die Gesellschaft wiederum ETF-Anteile aus, ähnlich wie bei Aktien. Diese Anteile bewegen sich dann genauso wie der Wert der Gesellschaft. Der Index wird somit genau abgebildet. ETFs können auf unterschiedlichen Faktoren basieren, z. B. Indizes (beispielsweise der DAX, FTSE 100 oder Nikkei), Branchen (z. B. Techindustrie,

Pharma, Finanzen), Rohstoffe (z. B. Gold, Holz, Silber) oder Länder bzw. Regionen (z. B. Europa, USA oder Emerging Markets, sprich die Schwellenländer). Besondere Formen von ETFs sind Short- und Leverage-ETFs. Ein Short-ETF bewegt sich gegensätzlich zum Index. Das heißt, wenn eine Position um 2 % fällt, würde ein Short-ETF im selben Moment um 2 % steigen. Das bedeutet jedoch auch, wenn eine Position um 2 % steigt, fällt der Short-ETF um genau diese 2 %. Unter Leverage-ETF versteht man einen gehebelten ETF. Dabei sollten Sie sich bereits vorab merken, dass sich mit dieser Art der Anlage einige Anleger bereits die Finger verbrannt haben. Das Ganze ist hochriskant und funktioniert folgendermaßen: Der gehebelte ETF nimmt überproportional an Gewinnen und Verlusten teil. Was bedeutet das konkret? Wenn wir bei unserem vorherigen Beispiel bleiben, bedeutet das, wenn eine Position um 2 % steigt, steigt bei einem 2er Hebel der gehebelte ETF um 4 %. Dasselbe passiert jedoch auch bei einem Verlust. Es lassen sich also überproportionale Gewinne aber auch Verluste erzielen und deshalb gilt der gehebelte ETF als hochriskant und spekulativ.

Der größte Vorteil von ETFs ist die Risikostreuung, auch bekannt unter dem Begriff *Diversifikation*. Denn bei einem ETF investieren Sie als Anleger nicht in eine einzige Position – beispielsweise eine Aktie eines konkreten Unternehmens – sondern in einen ganzen Pool. Einfach vorzustellen ist dies mit einer Torte. Beim Aktienkauf kaufen Sie ein Stück einer Torte von einer bestimmten Sorte. Beim Kauf eines ETFs kaufen Sie eine Box, die aus mehreren Tortenstücken unterschiedlicher

Sorten besteht. Beim Kauf der einen Stück Torte ist das Risiko größer, dass genau dieses eine Stück Ihnen oder Ihrem Gast nicht schmeckt. Bei der Box ist die Auswahl größer, da sie aus unterschiedlichen Sorten besteht. Deshalb ist hier das Risiko geringer, dass alle Tortenstücke nicht schmecken.

Das bedeutet also, dass die Risikostreuung Ihr persönliches Anlagerisiko enorm minimiert. Sie investieren nicht in ein einzelnes Unternehmen, sondern in viele unterschiedliche, die alle im ETF zusammengefasst sind. Je nach ETF investieren Sie nicht nur in unterschiedliche Unternehmen, sondern gleichzeitig in unterschiedliche Branchen, Länder oder Wertpapiere. Ein weiterer Vorteil ist, dass bei physischen ETFs kein Emittentenrisiko existiert. Wenn Sie z. B. einen ETF kaufen, das von der Commerzbank herausgegeben wurde, verlieren Sie auch dann nicht Ihren Anteil und Anspruch auf den ETF, wenn die Commerzbank bankrottgehen sollte. Diese Vorteile gelten jedoch auch für Investmentfonds. Der größte Vorteil von ETFs gegenüber Investmentfonds ist die Tatsache, dass sie passiv gemanagt werden, dadurch kein Fondsmanagement gezahlt werden muss und sie somit geringere Kosten verursachen.

Was sind Investmentfonds?

Der Investmentfonds ist auch bekannt als Publikumsfonds. Ein Investmentfonds ist ein Anlageprodukt für private und institutionelle Anleger und wird auch als Sondervermögen bezeichnet. Eine Gruppe von Investoren investiert meist monatlich oder auch einmalig in einen Topf – den Fonds. Dieser Fonds ist eine eigenständige Kapitalanlagegesellschaft, auch bekannt als KAG. Diese beauftragt einen Fondsmanager, der dafür verantwortlich ist, das Geld zu verwalten. Die Aufgabe des Fondsmanagers ist es, das verfügbare Kapital möglichst gut zu investieren, damit die Anleger im Idealfall Gewinn machen. Dafür steht ihm ein Expertenteam zur Verfügung, das ihn bei der Recherche nach guten Anlagemöglichkeiten unterstützt. Die Investition ist in verschiedenen Anlageklassen möglich. Welche tatsächlich ausgewählt werden, hängt einerseits vom Fondstyp ab (z. B. Nachhaltigkeitsfonds – Investition ausschließlich in nachhaltige Positionen) und von bestimmten Richtlinien. Bezahlt wird der Fondsmanager aus den Gebühren, die von den jeweiligen Anlegern erhoben werden. Um welche Gebühren es sich genau handelt, können Sie im Total-Expense-Ratio (TER) oder in den Gesamtkosten im Verkaufsprospekt des Fonds nachlesen. Jede Fondsgesellschaft ist per Gesetz dazu verpflichtet, für jeden Fonds die aktuelle Version der Verkaufsunterlagen öffentlich zugänglich zu machen. Zum Total-Expense-Ratio kommen meistens noch einmalige Ausgabeaufschläge hinzu, die von der Bank oder einem Finanzvermittler erhoben werden. Im Normalfall betragen diese zwischen 1 und 5 %. Sie werden jedoch nur fällig, wenn der Anleger eine Beratung in Anspruch nimmt. Investmentfonds werden auch als Sondervermögen bezeichnet. Das bedeutet konkret, dass das Vermögen des Fonds gesondert von der Fondsgesellschaft betrachtet wird und somit den Anlegern auch bei der Liquidation des Fonds weiterhin zur Verfügung steht. Dies ist von großer Bedeutung, falls eine Fondsgesellschaft bankrottgehen sollte. Sie werden Ihr eingesetztes Kapital also auch im Falle einer Insolvenz einer Fondsgesellschaft nicht verlieren.

Der Vorteil von Investmentfonds ist die Tatsache, dass Sie bereits mit einem geringen Einsatz größere Investments tätigen können. Denn durch die gemeinsame Anlage – die durch den Kapitaleinsatz vieler einzelner Investoren geschieht – sind größere und vor allem breitere Investitionen möglich. Das wiederum minimiert auch Ihr persönliches Risiko. Ein Aktienfonds z. B. investiert in bis zu 100 Unternehmen gleichzeitig. Ein weiterer Vorteil von Fonds ist, dass diese von der BaFin (Bundesanstalt für Finanzdienstleistungsaufsicht) kontrolliert werden. Fondsmanager haben entsprechende Regeln umzusetzen, die von der BaFin regelmäßig kontrolliert werden. Eine Ausgestaltung der Regeln könnte z. B. sein, dass der Fonds einen maximalen Aktienanteil von 30 % beinhalten darf oder ein Mindestmaß an Barreserven. Diese Regeln können Sie im jeweiligen Verkaufsprospekt nachlesen. Wenn Sie in einen Investmentfonds investieren, profitieren Sie von der jahrelangen Erfahrung und dem Know-how des Fondsmanagements. Teil des Fondsmanagements sind zudem Experten, die sich in den jeweiligen Bereichen sehr gut auskennen. Zusammenfassend lässt sich sagen, dass die Investition in Investmentfonds eine gute Möglichkeit für die Anleger bietet, denen die Expertise fehlt oder die sich nicht selbst umfassend mit den Investitionen beschäftigen möchten. Die Gewinnmöglichkeiten bei Investmentfonds sind dafür zumeist geringer als bei Direktinvestments. Für Direktinvestments wird allerdings ausreichend Expertise und Kapital benötigt, um sinnvoll anzulegen.

Was sind Derivate?

Der Begriff „Derivat" stammt aus dem Lateinischen und bedeutet „ableiten". Das Derivat ist ein Finanzprodukt, das von einem anderen Finanzprodukt, dem sogenannten Basiswert, abgeleitet ist. Dieser Basiswert kann andere Wertpapiere oder Anleihen darstellen, jedoch auch abstraktere Kennzahlen wie Indizes, Zinsen oder Kursentwicklungen. Derivate haben somit keinen eigenen inneren Wert. Sie haben ihren Ursprung in einem anderen Finanzprodukt und profitieren von dessen Anstieg oder Fall. Derivate werden als Absicherung oder auch zur Spekulation verwendet. Es ist möglich, ein Derivat zu kaufen, das ein 1:1-Verhältnis zwischen Ihrer Investition und der Preissteigerung abbildet oder ein höheres Verhältnis, z. B. 1:10, wenn Sie eine Spekulation bevorzugen. Somit sind höhere Gewinne unter einem steigenden Verlustrisiko möglich. Derivate ermöglichen zusätzlich eine Absicherung, bei der Verkäufer und Käufer ein Garant für einen fixen Preis zu einem zukünftigen Zeitpunkt erhalten. Je nachdem wie sich der Kurs des Derivates entwickelt, profitiert zu dem zukünftigen Zeitpunkt entweder der Käufer oder der Verkäufer. Besonders in den Bereichen Währung oder Rohstoffe ist diese Form der Absicherung üblich.

Derivat ist ein Oberbegriff für ein großes Anlageuniversum und gliedert sich in mehrere Kategorien. Es gibt unbedingte Derivate, also Derivate, die in jedem Fall ausgeführt werden müssen. Beide Parteien verpflichten sich mit einem solchen Derivat zur Einhaltung des Vertrags und keiner von beiden kann vorzeitig aussteigen (z. B. Swaps, Futures, Forwards). Und im Gegensatz dazu bedingte Derivate, hier hat der Inhaber des Derivats lediglich die Option, die Leistung auszuführen, ist dazu aber nicht verpflichtet. (z. B. Optionen). Optionen räumen z. B. das Recht ein, zu einem bestimmten Kurs das Derivat verkaufen zu können – jedoch nicht zu müssen. Dafür fällt eine Optionsprämie an. Meistens werden Derivate OTC *Over-the-Counter* – nicht an einer klassischen Börse, d. h. außerbörslich – gekauft.

Was sind Zertifikate?

Zertifikate sind, genauso wie Futures, Optionen, Swaps oder Aktienanleihen, sogenannte Derivate. Sie zählen zu den strukturierten Finanzprodukten und stellen Schuldverschreibungen dar, welche von Banken herausgegeben werden. Der Anleger gibt sein Kapital an die Bank und erhält dafür ein Zertifikat. Der Handel von Zertifikaten ist an speziellen Derivate-Börsen möglich, z. B. Eurex oder Euwax. Das Zertifikat ist abhängig vom Basiswert, der sich auf die Entwicklung des Zertifikats bezieht. Ein Basiswert kann ein konkretes Wertpapier sein, z. B. eine Aktie, Anleihe oder ein Index. Auch Zertifikate, bei denen sich der Basiswert auf die Entwicklung von Rohstoffkosten bezieht, sind möglich. Es gibt mehr als eine Million Zertifikate am Markt. Die Bedingungen des Zertifikats lassen sich variabel ausformulieren. So ist es möglich, ein Zertifikat auf eine Aktie anzulegen und eine Bonuszahlung an eine bestimmte Kursveränderung zu knüpfen. Zertifikate ermöglichen Privatinvestoren an Märkten zu investieren, die normalerweise nicht oder nur schwer zugänglich sind. Daher sind Zertifikate insbesondere für Privat- und Kleinanleger geeignet und werden über Bankfilialen vertrieben. Die Anzahl der Zertifikatetypen ist groß. Es existieren beispielsweise Bonus-, Index-, Garantie- und Basket-Zertifikate oder ETCs. Basket-Zertifikate bilden einen Korb an Wertpapieren ab, wodurch jede beliebige Mischung im Zertifikat definiert werden kann. ETC hingegen steht für *Exchange Traded Commodities*. Hierbei werden Rohstoffe in Form von Futures gebündelt abgebildet und verpflichtet als unbedingtes Derivat wie beschrieben den Verkäufer vertraglich dazu, die Rohstoffzertifikate zu einem vorab vereinbarten Preis und Termin an den Käufer zu liefern und den Käufer dazu, diese auch abzunehmen. Dies ermöglicht es Anlegern, von den Entwicklungen der Rohstoffe zu profitieren. Eine weitere Möglichkeit, in Zertifikate zu investieren, ist das *Social Trading*. Hierbei ist es mittels wikifolio möglich, dass Sie in die Anlagestrategie eines erfolgreichen Traders investieren können. Erfolgreiche Trader können z. B. eine gewinnbringende Dividendenstrategie verfolgen, die von Banken als Zertifikat herausgegeben werden kann. Das Zertifikat beinhaltet dabei die Performance des Traders, die sozusagen kopiert werden soll. Die Vielzahl an

Möglichkeiten macht es teilweise schwierig, die einzelnen Bedingungen und Voraussetzungen im Zertifikat wirklich zu verstehen. Wenn Sie in ein Zertifikat investieren möchten, ist es deshalb wichtig, dass Sie sich intensiv mit dem Produkt beschäftigen und von Experten beraten lassen. Zusätzlich ist das Emittentenrisiko nicht zu unterschätzen. Falls es zum Konkurs der Bank kommt, die ein Zertifikat herausgegeben hat, ist das Kapital verloren und es kann mit jahrelangen Prozessen und Streitereien verbunden sein, bis Sie einen Teil Ihrer Investition zurückerhalten. Deshalb ist es außerdem wichtig, dass Sie sich intensiv mit der Bonität der jeweiligen Bank beschäftigen. Kennzahlen hierfür sind gute Kreditratings sowie eine stabile und gesunde Eigenkapitalquote.

Was sind Indizes?

Für Unternehmen, die börsengelistet sind, stellt der Aktienkurs unmittelbar den Wert des Unternehmens an der Börse dar. Dieser ändert sich laufend. Ein Index (oder Mehrzahl: Indizes) hingegen drückt nicht den Wert eines einzelnen Unternehmens aus, sondern den Markt, der aus mehreren Unternehmen besteht. Diese Märkte können sich kategorisieren in Branchen, Produkte oder Regionen.

Der DAX

Der DAX ist der deutsche Aktienindex. Er wurde 1988 gegründet und stellt den Wert der 30 größten börsennotierten Unternehmen in Deutschland dar. Die Unternehmen haben dabei unterschiedliche Gewichtungen. Welche Unternehmen Teil des DAX werden, legt die Deutsche Börsen AG fest. Unternehmen können aus dem DAX heraus abgestuft oder in den DAX aufgestuft werden. So wäre eine Abstufung in den MDAX oder SDAX möglich. Beim MDAX werden börsennotierte Unternehmen zwischen Platz 31 und Platz 80 repräsentiert und beim SDAX die Platzierungen 81 bis 130. Gesondert davon gibt es noch den TecDAX, der den Wert der 30 größten börsennotierten Technologieunternehmen darstellt. Seit der Einführung des DAX im Jahr 1988 ist dieser um mehr als 1000 % gestiegen. Vom DAX können Sie zum Beispiel durch ETFs oder Investmentfonds profitieren, die diesen Index abbilden.

Entwicklung des Deutschen Aktienindex seit 1992 in Punkten (Y-Achse). Die Punkte repräsentieren den Gesamtwert der einzelnen Unternehmen im DAX. Anhand des Verlaufs der Punkte kann man erkennen, wie sich der Wert des Dax im Verhältnis zu seinem Anfangswert 1987, welcher willkürlich auf 1000 Punkte festgelegt wurde, entwickelt hat.

Der Dow-Jones

Der im Jahr 1884 definierte Dow Jones Industrial Average ist einer der ältesten Indizes der Welt. Er wird auch als Weltleitindex bezeichnet. Der Dow-Jones umfasst 30 Werte der größten US-Unternehmen. Zusammengestellt wird der Dow-Jones von einem Komitee des Wall Street Journals, weshalb er auch von einigen kritisch betrachtet wird. Zweck des Dow-Jones ist es, die Entwicklung des US-amerikanischen Aktienmarktes zu messen. Die Zusammensetzung des Dow-Jones verläuft anders als beim DAX, da sich diese nicht nach quantitativen Werten wie dem Börsenwert richtet. Wichtige Unternehmen wie Google fehlen in der Auflistung und selbst Apple mit einem Wert von 416 Milliarden US-Dollar (Stand 2013) wurde erst Jahre später im Index gelistet.

Der EuroStoxx 50

Der im Jahre 1998 eingeführte EuroStoxx 50 ist einer der größten und wichtigsten Aktienindizes im Euroraum. Er umfasst dabei 50 große, börsennotierte Unternehmen des Euro-Währungsraums, z. B. Adidas, Airbus, Bayer, BMW, L'Oréal und Volkswagen. Ein Kriterium für die Listung im EuroStoxx 50 ist die Marktkapitalisierung auf den Streubesitz bezogen. Zu unterscheiden ist der EuroStoxx 50 vom STOXX Europe 50, denn bei diesem werden auch europäische Unternehmen außerhalb der Eurozone berücksichtigt und in die Liste aufgenommen.

Was ist Daytrading?

Wurde Ihnen auch schon einmal in einem Video oder von Bekannten versprochen, dass Sie mit Daytrading innerhalb kürzester Zeit reich werden können? Ein Daytrader ist eine Person, die tägliches Traden bzw. Handeln betreibt. Dabei handelt es sich um das kurzfristige Spekulieren mit Wertpapieren. Hierbei baut der Daytrader innerhalb eines Tages eine Wertpapierposition auf, das heißt er kauft Wertpapiere und verkauft diese auch wieder innerhalb eines Tages. Daher kommt auch der Begriff „Daytrading“. Es kommt nur sehr selten zu drastischen Kursveränderungen an einem Tag, deshalb müssen sich Daytrader darauf konzentrieren, auch mit kleinen Kursschwankungen Geld zu erzielen. Dabei nutzen sie einen Hebel (den sogenannten „Leverage“), das ist geliehenes Geld von ihrem Broker oder ihrer Bank, mit dem sie versuchen, ihre Gewinne in die Höhe zu hebeln. Mithilfe von geliehenem Kapital können Daytrader nahezu beliebige Gewinne erreichen. Sie können eine Aktie selbst und 100 Aktien auf Hebel (sprich Fremdkapital) kaufen. Dies ermöglicht es, hohe Rendite zu erzielen, bringt jedoch auch das Risiko mit sich, geliehenes Kapital zu verlieren.

Die meisten Daytrader handeln überwiegend Derivate und kaufen keine direkten Basiswerte. Der Vorteil liegt darin, dass sich diese Produkte besser hebeln lassen und hierfür weniger Kapital als Einsatz notwendig ist. Es gibt auch Daytrader, die ausschließlich mit Aktien handeln. Das erfordert jedoch mehr

Kapital und wird daher von Daytradern seltener praktiziert. Daytrader handeln zumeist am Forex-Markt. Der Forex-Markt ist der größte Finanzmarkt der Welt mit dem höchsten Transaktionsvolumen. In diesem Markt werden auch Währungspaare gehandelt.

Ein Daytrader hat zwei Möglichkeiten, um zu handeln. Er kann dabei eine Long-Position oder eine Short-Position aufbauen. Baut der Daytrader eine Aktie in Long-Position auf, kauft er diese Aktie in der Hoffnung, dass diese zukünftig steigen wird. Wohingegen der Daytrader bei einer Short-Position auf fallende Kurse setzt. Der Daytrader konzentriert sich beim Traden auf bevorstehende Ereignisse und entscheidet abhängig davon, ob er eine Short- oder Long-Position aufbaut. Solche Ereignisse können z. B. neu veröffentlichte Daten oder politische Ereignisse wie der Brexit sein. Der Daytrader hat hierbei im Normalfall kein Insiderwissen, sondern gibt eine Vermutung ab, wie diese Ereignisse ausfallen werden. Geht er beispielsweise davon aus, dass ein Unternehmen höhere Verkaufszahlen veröffentlicht als allgemein erwartet, wird er eine Long-Position aufbauen, da er von einem steigenden Aktienkurs dieses Unternehmens ausgeht. Sie sehen, dass es sich dabei fast schon um Glücksspiel handelt – denn niemand von uns kann in die Zukunft sehen, wir können alle nur Vermutungen anstellen. Als Daytrader geht man daher stets ein hohes Risiko ein und muss auch zwischenzeitlich mit Verlusten rechnen. Ziel ist es natürlich, mehr Rendite zu erzielen als Verluste.

Die Einstiegshürden als Daytrader sind gering. Es kann also jeder versuchen, als Daytrader durchzustarten. Es sind keinerlei Ausbildungen oder Zertifikate notwendig. Daytraden ist für jedermann möglich, der bei einem Broker ein Depot eröffnen darf. Wichtig ist nur eine sehr gute technische Ausrüstung, insbesondere eine einwandfreie Internetverbindung. Was nicht unterschätzt werden darf, ist die Tatsache, dass Daytraden dem Glücksspiel sehr ähnelt und es hierbei genauso zu einer Sucht kommen kann. Zudem ist das Traden mit hohen Transaktionskosten verbunden, die nicht unterschätzt werden sollten. Hinzu kommt, dass man als Daytrader gegen große Investmentbanken spielt, die Experten damit beauftragen, Investitionen zu tätigen. Studien zufolge machen rund 80 % der privaten Daytrader Verluste. Es handelt sich also nicht um das schnelle Geld. Deshalb lohnt es sich insbesondere als Einsteiger viel mehr, langfristig und weniger risikobehaftet zu investieren.

CFD-Trading

Bei CFDs handelt es sich um hochspekulative derivative Finanzprodukte, mit denen Sie auf Kursveränderungen setzen können, ohne dabei ein hohes Kapital investieren zu müssen. CFD steht für den englischen Begriff *Contract for Difference*, zu Deutsch „Differenzvertrag“. Es handelt sich hierbei um einen Vertrag, den Sie mit einer Gegenpartei abschließen und in dem auf die Differenz eines Kurses spekuliert wird. Der jeweilige

Kurs eines CFDs hängt vom jeweiligen Basiswert ab, der ein Index, eine Anleihe oder eine Aktie sein kann. Anders als bei einer Aktie beteiligen Sie sich beim Erwerb eines CFDs nicht an einem Unternehmen oder Vermögensgegenstand. Der Handel mit CFDs ermöglicht den Investoren eine Spekulation auf Basiswerte, die normalerweise nicht oder nur sehr schwer gehandelt werden können. Wichtig zu wissen ist, dass diese Form der Anlage hochspekulativ ist und daher Erfahrungswerte voraussetzt. Sie sollten sich vorab intensiv mit der Thematik beschäftigen und informieren, bevor Sie in den Handel von CFDs einsteigen.

Das Basiswissen über Wertpapiere und die jeweiligen Arten wurde Ihnen nun vermittelt. Doch wo und wie werden diese gehandelt? Dazu erhalten Sie im nächsten Kapitel genauere Informationen.

Was ist die Börse und wie funktioniert sie?

Die Geschichte der Börse beginnt im 16. Jahrhundert in der belgischen Stadt Brügge, in der die belgische Familie Van der Beurse erste Geschäftstreffen mit italienischen Kaufleuten organisiert hat. Aus dem Familiennamen hat sich der Begriff „Börse“ ergeben.

Die Börse ist ein Marktplatz für Eigenkapital, manchmal auch Fremdkapital, für Unternehmen. Bevor die Börse jedoch als Finanzierungsmöglichkeit für Unternehmen dient, ist sie zunächst ein Tauschplatz für Investoren. Investoren, die

Wertpapiere verkaufen möchten, treffen hierbei auf Investoren, die Wertpapiere wiederum kaufen möchten. Sie können sich die Börse daher als Austauschplatz vorstellen, der die Aufgabe hat, einen fairen Preis für dieses Tauschgeschäft festzulegen. Sie fragen sich jetzt vielleicht, ob eine Börse überhaupt notwendig ist, man könnte sich schließlich selbst einig werden über Kauf und Verkauf. Tatsächlich gibt es außerbörslichen Handel, der sogenannte OTC (Over The Counter), bei dem von Vertragspartei zu Vertragspartei gehandelt wird und die Konditionen somit individuell ausgehandelt werden. Eine Börse hat jedoch den signifikanten Vorteil, dass die Geschäfte dort stark reguliert und standardisiert sind. Der Käufer einer Aktie weiß dadurch genau, worauf er sich einlässt und kann nachvollziehen, wie der Preis an der Börse entstanden ist – nämlich ausschließlich aus dem Verhältnis von Angebot und Nachfrage. Der Preis ist somit absolut transparent nachvollziehbar. Weitere verschiedene Regulatoren sorgen dafür, den Börsenhandel noch sicherer zu gestalten. Unternehmen, die an der Deutschen Börse gelistet sind, müssen ihre Unternehmenszahlen quartalsweise offenlegen, obwohl es per Gesetz nur einmal im Jahr notwendig wäre. Ein weiterer Vorteil der Börse ist, dass sie für möglichst geringe Transaktionskosten sorgt. Die täglichen An- und Verkäufe sind sehr umfangreich und dadurch an der Börse standardisiert, wodurch niedrige Kosten ermöglicht werden. Die Börse kann auch als Finanzierungsquelle für Unternehmen dienen. Wenn ein Unternehmen sein Eigenkapital stärken möchte, verkauft es Aktien an Investoren. Die Aktiengesellschaft tauscht Anteile seines Unternehmens gegen Barmittel. Dieser Tausch wäre auch außerhalb einer Börse möglich. Ein Unternehmen könnte Anteile OTC – also außerhalb der Börse – verkaufen. Wenn ein Unternehmen seine Anteile hingegen der großen Masse zugänglich machen möchte, ist es wichtig, börsengelistet zu sein. Hierfür muss das Unternehmen einen Börsengang durchführen. Dieser Prozess des Börsengangs ist kompliziert, aber grundsätzlich standardisiert. Der Fachbegriff für den Börsengang ist das *Initial Public Offering*, kurz IPO. Im ersten Schritt beauftragen Aktiengesellschaften die Investmentbanken mit dem Börsengang, die wiederum einen Unternehmenswert feststellen, um einen möglichst fairen Börsenkurs festzulegen. Im nächsten Schritt organisieren die Banker gemeinsam mit dem Vorstand der Aktiengesellschaft eine sogenannte *Road Show*. Hierbei werden viele größere Investoren kontaktiert und es wird versucht, das Unternehmen möglichst lukrativ darzustellen. Danach kommt es zur ersten Bieterrunde. In dieser Runde geben die Investoren an, ob sie Interesse haben, ein Aktienpaket zu kaufen. Dabei wird angegeben, an welcher Aktienanzahl und zu welchem Preis Interesse besteht. Die Angebote werden von den beauftragten Investmentbanken gesammelt. Anschließend wird gemeinsam mit dem Vorstand überlegt, welchem Investor sie welche Anteile anbieten. Im Idealfall ist diese *Road Show* überzeichnet, sprich es existieren mehr Nachfrager als tatsächliche Aktienanteile. Dies führt dazu, dass die Investmentbank und der Unternehmensvorstand sich für die jeweils besten Angebote entscheiden können. Dieser Prozess findet noch nicht an der

Börse statt – wir befinden uns immer noch auf dem Weg dorthin. Erst wenn alle größeren Aktienpakete an Banken und Investoren verteilt wurden, beginnt der Börsenhandel. Ab diesem Moment ist es möglich, dass Aktien völlig frei an der Börse gekauft und verkauft werden können. Tradition ist es, dass das jeweils neu an der Börse gelistete Unternehmen morgens die Börsenglocke läuten darf, um die Eröffnung der Börse einzuleiten. Das durch den Verkauf der Anteile gesammelte Kapital wird nun zum Eigenkapital der Aktiengesellschaft. Der komplette Handel, der danach stattfindet, hat keinen Einfluss mehr auf das bilanzierte Eigenkapital der Aktiengesellschaft. Es ist somit nurmehr ein Tausch zwischen den Investoren an der Börse. Es gibt jedoch die Möglichkeit für börsennotierte Unternehmen, das Eigenkapital zu erhöhen. Dabei handelt es sich um die sogenannte Kapitalerhöhung, die ähnlich abläuft wie der Börsengang. Hierbei wird die Anzahl der Aktien erhöht, das Unternehmen gibt somit neue Aktienanteile aus, um wieder neues Eigenkapital zu generieren. Der Unterschied zum Börsengang ist, dass bestehende Aktionäre das Exklusivrecht haben, die neuen Anteile des Unternehmens zu kaufen. In der Regel erhalten die bestehenden Aktionäre diese neuen Aktienanteile zu einem günstigeren Preis als Neuaktionäre.

Über die Börse ist nicht nur die Eigenkapitalbeschaffung, sondern auch die Fremdkapitalbeschaffung möglich. Das Fremdkapital eines Unternehmens stellen sogenannte Unternehmensanleihen dar. Der Ablauf ist ähnlich wie die Kreditaufnahme bei einer Bank, nur dass in diesem Fall private Investoren die Kreditgeber sind. Der Prozess, Anleihen herauszugeben, ähnelt dem Ablauf des Börsengangs.

Börsen sind meist selbst Aktiengesellschaften, die in vielen Fällen selbst an der Börse gehandelt werden. Die Deutsche Börse AG ist im DAX als Unternehmen gelistet und verdient Börsenkommissionen – das sind nichts anderes als Provisionen. Sobald über die Deutsche Börse etwas abgewickelt wird, erhält die Deutsche Börse AG für den Kauf oder Verkauf eine entsprechende Provision. Das können Sie sich so vorstellen: Wenn Sie Wertpapiere kaufen möchten, die an einer Börse gelistet sind, geben Sie diesen Auftrag an Ihren Broker. Ihr Broker kauft diese Wertpapiere, falls er Sie nicht selbst bereits besitzt, über die Börse und bezahlt dort eine Börsenprovision. Die größte Börse der Welt ist die NYSE (New York Stock Exchange), dort werden monatliche Transaktionen in Höhe von 1500 Milliarden USD umgesetzt. In Deutschland ist die größte Börse die sogenannte Deutsche Börse AG. Diese hat ein monatliches Transaktionsvolumen von rund 142 Milliarden USD. Die größte europäische Börse ist die EURONEXT, mit monatlichen Transaktionen in Höhe von rund 148 Milliarden USD. Eine Börse ist nicht gleich ein Index. Der Dow-Jones ist z. B. einer der größten amerikanischen Indizes, jedoch keine Börse. Indizes werden jedoch meist von Börsen herausgegeben.

Die Frage ist, wie es die Börse schafft, den passenden Börsenkurs für ein Unternehmen zu finden. Die faire Preisfindung und Zusammenkunft von Unternehmen und Investoren ist die

Kernaufgabe einer Börse. Es wird dabei kein Durchschnittspreis zwischen den Preisvorstellungen der Käufer und Verkäufer gebildet, sondern der Preis gesucht, zu dem möglichst viele Unternehmen verkaufen und Investoren kaufen möchten. Gesucht wird der höchste Handelsumsatz, ermittelt wird der Preis meist über XETRA. Der Begriff der Börse wäre nun geklärt. Doch wie ist der Ablauf, um an der Börse handeln zu können? Auf diese Frage wird im nächsten Kapitel eingegangen.

Was ist ein Broker?

Jeder, der an der Börse aktiv sein möchte, benötigt einen Broker, um handeln zu können. Nicht selten wird er daher als Tor zur Wertpapieranlage bezeichnet. Der Broker ist ein Dienstleister, der den Handel ermöglicht. Er agiert hierbei als Vermittler zwischen Anlegern und Börse und handelt im Auftrag eines Kunden. Er finanziert sich mit Gebühren, die für die jeweiligen Wertpapiertransaktionen anfallen – diese nennt man Courtage oder Brokerage. Es gibt Broker, die sich auf einzelne Wertpapiere wie Devisen oder Aktien spezialisiert haben – aber auch Broker, bei denen der Handel sämtlicher Wertpapiere abgewickelt werden kann. In vielen Fällen ist die Hausbank der Broker, dabei müssen Sie jedoch beachten, dass ein Depot bei Banken meist um ein Vielfaches teurer ist als ein Online-Broker. Die meisten Online-Broker verlangen keine Depotführungskosten und sind auch bei Gebühren, die bei An- und Verkäufen anfallen, günstiger. Sie wissen nun, wie Sie an der Börse handeln können und welche Formen von Wertpapieren es gibt. Ein wichtiger Aspekt stellen dabei ETFs dar, auf die im nächsten Kapitel näher eingegangen wird.

Der Zinseszinseffekt

Der Zinseszins beschreibt die Zinsen, die Anleger auf Zinsen erhalten. Dieser Effekt gilt als einer der essenziellsten Punkte bei der erfolgreichen Wertpapieranlage. Das Ganze funktioniert folgendermaßen: Wenn Sie Ihr Kapital anlegen, erhalten Sie darauf in der Regel Zinsen. Wenn Sie diese Zinsen nun aus Ihrer Investition herausnehmen und ausgeben, bleiben Ihr investiertes Kapital und somit auch der Betrag an Zinsen, den Sie auf Ihr Investment erhalten, konstant. Wenn Sie hingegen die Zinsen investiert lassen, erhalten Sie im nächsten Jahr auch auf diese Zinsen Zinserträge. So entstehen Zinseszinsen und daraus ergibt sich der Zinseszinseffekt.

Die Kunst dabei ist es, nicht schwach zu werden und seine jährlichen Gewinne nicht abzuschöpfen, da dadurch die Zinsen immer mehr steigen. Die Intensität des Zinseszinseffekts hängt von der Laufzeit und dem investierten Kapital ab. Je höher das investierte Kapital und je länger dieses investiert bleibt, desto höher ist auch der Zinseszinseffekt.

Besser vorstellen lässt sich das Ganze an einem konkreten Beispiel:

Angenommen, es werden 3.000 EUR mit 7 % Zinsen pro Jahr angelegt und die Zinsen bleiben wiederum investiert, wir nutzen also den Zinseszinseffekt. Die Vermögensentwicklung würde sich wie folgt darstellen:

Jahr	Startkapital	Zinsen	Endkapital
1	3.000 €	210 €	3.210 €
2	3.210 €	225 €	3.435 €
3	3.435 €	240 €	3.675 €
4	3.675 €	257 €	3.932 €
5	3.932 €	275 €	4.208 €
10	5.515 €	386 €	5.901 €
15	7.736 €	541 €	8.277 €
20	10.849 €	759 €	**11.609 €**
Gesamtzinsen	8.609 €		

Werden derselbe Betrag wie beim oberen Beispiel zu den gleichen Konditionen angelegt, aber die erwirtschafteten Zinsen laufend abgeschöpft, profitieren wir nicht vom Zinseszinseffekt und die Vermögensentwicklung sieht folgendermaßen aus:

Jahr	Startkapital	Zinsen	Endkapital
1	3.000 €	210 €	3.210 €
2	3.000 €	210 €	3.420 €
3	3.000 €	210 €	3.630 €
4	3.000 €	210 €	3.840 €
5	3.000 €	210 €	4.050 €
10	3.000 €	210 €	5.100 €

15	3.000 €	210 €	6.150 €
20	3.000 €	210 €	**7.200 €**
Gesamtzinsen	4.200 €		

Anhand der beiden Beispiele wird also verdeutlicht, wie mithilfe des Zinseszinseffekts ein deutlich schnellerer Vermögenszuwachs erfolgen kann. Außerdem ist den Beispielen gut zu entnehmen, welch wichtige Rolle der Faktor Zeit beim Wirken des Zinseszinseffekts spielt. Denn je länger der Zinseszinseffekt arbeiten kann, desto größer wird der Vorteil für Sie. In den ersten Jahren macht sich der Zinseszins noch nicht deutlich bemerkbar. Nach 15 Jahren allerdings ist der Unterschied der jährlichen Zinsen und des Endkapitals bereits deutlich zu erkennen und dieser Unterschied wird immer größer, je länger das Kapital investiert ist. Je früher Sie also anfangen zu investieren, desto besser. Dazu ein kleines Beispiel:

Wenn Sie ab Ihrem 20. Lebensjahr 250 EUR pro Monat zu einer jährlichen Rendite von 4 % anlegen und die erwirtschafteten Zinsen nicht ausgezahlt, sondern direkt reinvestiert werden, haben Sie mit 65 Jahren ca. 381.000 EUR angehäuft. Wenn Sie hingegen erst mit 30 Jahren anfangen zu investieren, haben Sie mit 65 „nur" ein Vermögen von knapp 233.000 EUR aufgebaut. Diese erhebliche Differenz kommt durch den Zinseszinseffekt zustande, welcher exponentiell steigt, und somit gerade in den letzten Jahren einen erheblichen Unterschied erzeugt. Das Ganze wird veranschaulicht in der folgenden Grafik:

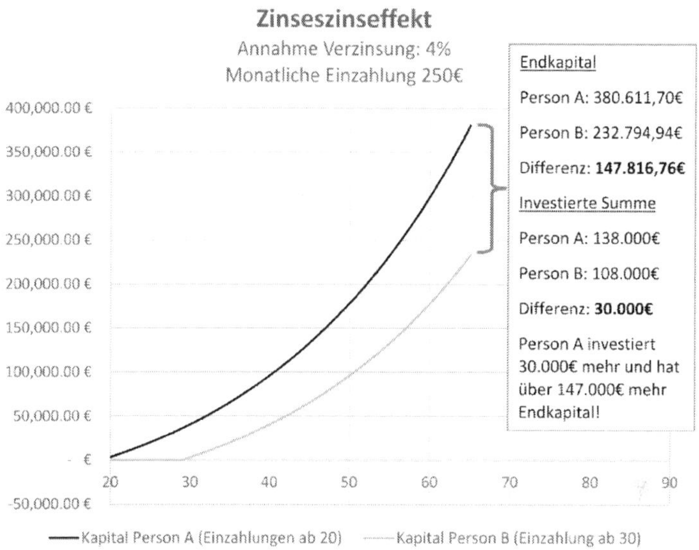

Neben dem Zinseszinseffekt gibt es noch weitere wichtige Punkte, die Sie bei der Investition wissen und beachten sollten. Im nächsten Kapitel erfahren Sie mehr dazu.

Das magische Dreieck der Geldanlage

Viele Anleger betrachten Ihre Investition sehr einseitig. Bei der Anlage gibt es jedoch drei Punkte, die beachtet werden sollten – diese werden durch das magische Dreieck der Geldanlage näher beschrieben. Nicht nur die Rendite allein ist ein Ziel, welches Sie beim Investieren verfolgen sollten. Das magische Dreieck ist ein Konzept, das die drei Ziele der Anlage miteinander verbindet. Als ersten Punkt beinhaltet das magische Dreieck die Rendite – diese möchte immerhin jeder Anleger mit seiner Investition erzielen. Dabei sollten Sie jedoch nie den Fehler machen, dass Sie sich jene Geldanlage suchen, in der Sie die höchsten Renditen oder die größte Dividende erzielen können. Daher ist nicht ohne Grund der zweite Punkt des magischen Anlagedreiecks die Sicherheit bzw. das Risiko. Von Risiko möchten Sie nichts hören? Dann muss ich Sie leider enttäuschen. Jede Investition ist mit einem gewissen Risiko verbunden. Je nach Anlageform fällt dieses höher oder niedriger aus. Grundsätzlich gilt hier, je höher das Risiko, desto höher auch die mögliche Rendite. Der dritte Punkt ist die sogenannte Verfügbarkeit oder Liquidität. Bei dieser stellt sich die Frage, wie schnell kann eine Investition liquidiert – sprich wieder zu barem Geld gemacht werden? Liquidität hängt immer von den persönlichen Umständen und Bedürfnissen ab. Wer überraschend eine große Erbschaft macht, hat vielleicht Kapital zur Verfügung, welches er längerfristig nicht benötigt. Eine klassische illiquide Geldanlage ist eine Immobilie, da diese nicht so einfach von heute auf morgen zu Geld gemacht werden kann, ohne dass dabei große Abschläge in Kauf genommen werden müssen. Wenn Sie bereits in ein paar Monaten oder Jahren wieder an Ihr eingesetztes Kapital kommen müssen, wird Liquidität bzw. Verfügbarkeit eine große Rolle für Sie spielen. Das magische Dreieck veranschaulicht die unmittelbare Wechselwirkung der drei Faktoren „Rendite“, „Risiko“ und „Liquidität“. Jede Geldanlage lässt sich innerhalb des Dreiecks ansiedeln. Je näher es sich zum Beispiel an der Rendite befindet, also hohe Renditen einbringt, desto weiter entfernt ist es gleichzeitig auch von der Sicherheit und Liquidität. Im Gegensatz dazu bietet eine sehr sichere Anlage weniger Liquidität und Rendite. Die Kernaussage des Dreiecks lautet also: Jede Geldanlage erfordert Kompromisse, da nie alle Faktoren gleichzeitig optimal realisiert werden können.

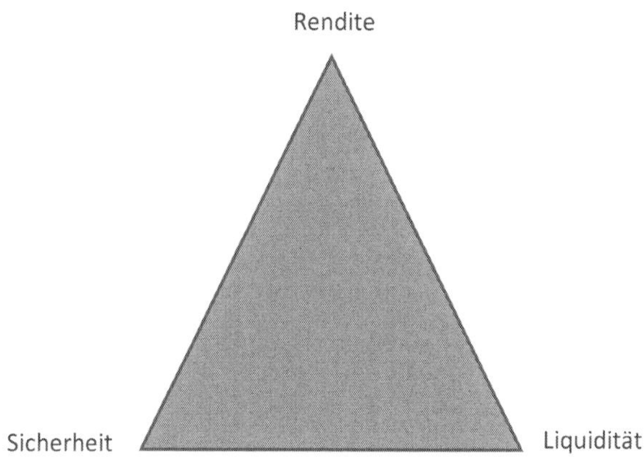

Der Cost-Average-Effekt

Sie fragen sich, wann der beste Zeitpunkt für den Kauf von Wertpapieren ist und wie Sie auch als Kleinanleger von Kursschwankungen profitieren können? Möglich wird dies mit dem Cost-Average-Effekt. Der Cost-Average-Effekt bedeutet übersetzt nichts anderes als Durchschnittskosteneffekt. Sie erhöhen damit Ihre Renditechancen. Beim Cost-Average-Prinzip wird nicht auf einmal ein größerer Betrag in Wertpapiere investiert, sondern stattdessen jeweils in regelmäßigen Abständen und kleineren gleichbleibenden Beträgen dasselbe Wertpapier gekauft. Je nachdem, wie hoch der Kurs ist, erhalten Sie für denselben investierten Betrag dann eine höhere oder niedrigere Anzahl an Anteilen.

Den perfekten Zeitpunkt für den Kauf eines bestimmten Wertpapiers können Sie nicht vorhersagen. Das ist durch das Cost-Average-Prinzip auch gar nicht notwendig. Denn mithilfe des Cost-Average-Prinzips erreichen Sie über einen längeren Investitionszeitraum einen günstigen Durchschnittspreis. Das passiert automatisch, wenn Sie in gleichbleibenden regelmäßigen Zeitabständen zu einem gleichbleibenden Betrag dasselbe Wertpapier kaufen. Der Preis bleibt nicht gleich, so kaufen Sie das Wertpapier einmal zu einem höheren und einmal zu einem niedrigeren Preis, woraus sich ein guter Durchschnittspreis ergibt. Dies fällt besonders bei einem Vergleich zu Anlegern auf, die Ihre Investition auf einmal für eine feste Anzahl an Anteilen tätigen.

Vereinfacht ausgedrückt, erzielen Sie mit dem Cost-Average-Effekt auf längere Sicht eine höhere Rendite. Sinn hat dieser Effekt insbesondere bei Produkten, die eine sehr hohe Schwankung aufweisen, z. B. Aktienfonds und ETFs.

Hierzu ein kleines Beispiel: Sie möchten 1.000 EUR in einen ETF investieren. Ein ETF-Anteil kostet im ersten Monat 250 EUR, im zweiten nur noch 200 EUR und im dritten und vierten Monat sogar nur noch 150 EUR. Wenn Sie stattdessen die 1.000 EUR auf einmal investieren, können Sie im ersten Monat vier Anteile des ETFs kaufen. Machen Sie sich jedoch den Cost-Average-Effekt zunutze und stückeln die 1.000 EUR in eine monatliche Investition von 250 EUR, kaufen Sie im ersten Monat einen Anteil, im zweiten 1,25 und im dritten und vierten Monat jeweils 1,67 Anteile. Insgesamt erhalten Sie so also 5,59 Anteile. Somit haben Sie mithilfe des Cost-Average-Effekts pro Anteil ca. 178,89 EUR bezahlt und damit deutlich weniger als bei der einmaligen Investition.

Anleger, deren Anlagestrategie auf dem Cost-Average-Effekt basiert, senken im Laufe der Zeit ihre durchschnittlichen Investitionskosten. Allerdings geht diese Strategie davon aus, dass die Preise letztlich immer steigen werden.

Bei Immobilienfonds oder Anleihen beispielsweise ist die Entwicklung konstant, daher ist hier der Cost-Average-Effekt nicht relevant. In solchen Fällen ist eine größere Einmaleinlage besser, um das gesamte Kapital wachsen zu lassen, als zwischenzeitlich immer teurer nachzukaufen.

Im nächsten Abschnitt erfahren Sie grundlegende Informationen über den Wertpapiermarkt.

Bärenmärkt vs. Bullenmarkt

Was versteht man darunter, wenn ein Markt „bärisch“ oder „bullisch“ genannt wird? Auf diese Frage gehen wir in diesem Abschnitt näher ein.

Vorab wichtig zu wissen ist, dass der Bär an der Börse für fallende Kurse steht. Das liegt daran, dass der Bär mit seiner Pfote von oben nach unten drückt. Der Bulle hingegen steht symbolisch für steigende Kurse. Das kommt daher, dass ein Stier mit seinen Hörnern von unten nach oben stößt. Ein „bärischer“ Markt bedeutet demnach, dass es zu fallenden Kursen gekommen ist, wohingegen ein „bullischer“ Markt für steigende Kurse steht. Im nächsten Kapitel erfahren Sie unmittelbare Tipps und Informationen über die Anlage in der Praxis.

Anlage in der Praxis – darauf kommt es an!

Die Goldenen Anlageregeln – darauf sollten Sie unbedingt achten

Niemals in ein Unternehmen investieren, dass Sie nicht ausreichend verstanden haben. Das bedeutet den gesamten Geschäftsbericht lesen, gegebenenfalls Analysen durchgehen und sich einen intensiven Eindruck vom Unternehmen machen. Sie müssen das gesamte Unternehmen verstehen, die Produkte, wie das Unternehmen Geld verdient, wie groß das Wachstumspotenzial ist und wer die Mitbewerber sind. Kennzahlen allein reichen nicht aus, um ein Unternehmen vollständig zu verstehen. Sie können jedoch einen ersten Ansatz liefern.

An der Börse wird immer die Zukunft gehandelt. Die Investoren berücksichtigen die künftige Entwicklung eines Unternehmens, wie relevant dieses in der Zukunft sein wird und wie hoch die entsprechenden künftigen Gewinne ausfallen könnten. Nach einem konkreten Ereignis zu handeln, hat daher nur wenig Sinn. Das Leben ist immer mit Höhen und Tiefen verbunden – nicht nur in Ihrem persönlichen Leben, sondern auch auf die Welt bezogen. Dies spiegelt sich auch an der Börse wieder. Wenn Sie die letzten Jahrzehnte betrachten, wird Ihnen auffallen, dass es an der Börse auch Krisen gab. Dieses Thema wird in einem anderen Kapital näher betrachtet und erläutert. So viel lässt sich bereits jetzt verraten: Behalten Sie stets einen kühlen Kopf! Egal wie rot Ihr Portfolio wird, in Krisen ist das normal. Entscheidend ist, dass Sie nicht in Panik verfallen und alles unbedacht unter Wert und vielleicht sogar mit Verlust verkaufen.

Risikodiversifikation ist der Schlüssel. Jede Anlage ist mit einem Risiko behaftet. Es gibt keine Anlagemöglichkeit, die frei von Risiken und somit zu 100 % sicher ist. Daher hat die Risikominimierung bei der Anlage oberste Priorität. Sie fragen sich jetzt, wie Sie Ihr Risiko minimieren können? Ganz einfach: Sie optimieren Ihr Portfolio, indem Sie das Risiko streuen (Diversifikation). Beim Risiko wird häufig zwischen individuellem Risiko und Marktrisiko unterschieden. Ein Hausbesitzer z. B. hat das individuelle Risiko, dass das Haus durch einen Blitzeinschlag in Brand gerät. Dasselbe gilt für Unternehmen – auch diese haben individuelle Risiken, z. B. dass sie aufgrund von

Wettbewerbsunfähigkeit insolvent werden. Das Marktrisiko hingegen ist ein allgemeines Risiko – wenn z. B. der gesamte deutsche Markt an Wert verliert, sind alle deutschen Unternehmen davon unmittelbar betroffen. Das individuelle Risiko lässt sich minimieren, indem z. B. eine Versicherung abgeschlossen wird. Durch die Beitragszahlung der großen Anzahl an Haushalten streut die Versicherung das Risiko. Genauso sollten Sie es bei der Anlage machen. Es hat wenig Sinn, das gesamte Vermögen auf eine Aktie und somit auf ein einzelnes Unternehmen zu setzen. Am besten sollten Sie Ihr eingesetztes Kapital auf mehrere Unternehmen, in mehreren Ländern und Branchen sowie Anlageklassen aufteilen. Dadurch reduziert sich Ihr individuelles Risiko in der Geldanlage. Über einen weiteren Punkt, der für die Bewertung von Wertpapieren wichtig ist, erfahren Sie im nächsten Schritt mehr.

Wichtige Unternehmenskennzahlen im Überblick

Um herauszufiltern, ob der Kurs einer Aktie zu hoch oder zu niedrig bewertet wird und daraus schließlich ableiten zu können, ob die Aktie in Zukunft steigen oder fallen wird, eignet sich der Blick auf die sogenannten Unternehmenskennzahlen. Mit diesen Kennzahlen können Sie an der Börse gelistete Unternehmen selbstständig bewerten. Vorab ist wichtig zu wissen, dass eine Kennzahl allein keine Aussagekraft hat. Kennzahlen sollten immer im Kontext gesehen werden.

Die Kennzahlen werden in drei Kategorien unterteilt – Profitabilitätskennzahlen, Bilanzkennzahlen und Bewertungskennzahlen. Es gibt unzählige Kennzahlen, um eine Aktie beziehungsweise ein Unternehmen zu bewerten. Im Folgenden lernen Sie zwölf der wichtigsten Kennzahlen kennen. Diese reichen jedoch nicht aus, um ein Unternehmen vollständig zu verstehen, geben aber eine grobe Orientierungsrichtung, um einen ersten Filterprozess zu starten.

Profitabilitätskennzahlen

- Umsatzwachstum: Der Umsatz ist die Summe aller Verkäufe, die das Unternehmen geleistet hat. Anhand von absoluten Umsatzzahlen lässt sich jedoch nicht abschließend bewerten, ob ein Unternehmen besser performt als ein anderes, da der Umsatz je nach Branche höher oder niedriger ausfallen kann. Eine relevante Kennzahl dazu ist das Umsatzwachstum, anhand dessen ersichtlich wird, wie sich der Umsatz über die Jahre entwickelt hat.
- Eigenkapitalrendite: Der Jahresüberschuss bzw. der Jahresgewinn des Unternehmens wird durch das Eigenkapital dividiert. Der Jahresüberschuss ist der Betrag, der am Ende des Jahres nach Abzug sämtlicher Kosten, Steuern und Zinsen übrig bleibt. Diese Eigenkapitalrendite gibt Auskunft darüber, wie viel Rendite die Aktionäre erzielt haben. Die Eigenkapitalrendite ist daher eine in Prozent ausgedrückte Kennzahl, die

sozusagen für die Aktionäre übrigbleibt. Diese Kennzahl sollte stets mit Vorsicht betrachtet werden, denn der Gewinn eines Unternehmens lässt sich durch eine geschickte Buchhaltung leicht beeinflussen.

- EBITDA-Marge: Hierbei werden vom Umsatz die operativen Kosten, also alle Kosten, die angefallen sind, um diesen Umsatz zu erzielen, abgezogen.

Bilanzkennzahlen

- Eigenkapitalquote: Diese ergibt sich aus der Division zwischen gesamtem Eigenkapital und der Bilanzsumme (bestehend aus Eigen- und Fremdkapital). Die Eigenkapitalquote sollte niemals unter 25 % liegen. Generell gilt: Je höher die Eigenkapitalquote, desto stabiler ist das Unternehmen.

- Gearing: Diese Kennzahl errechnet sich aus der Subtraktion von Schulden und Barmitteln und wird anschließend durch das Eigenkapital dividiert. Je niedriger das Ergebnis aus dem Gearing, desto niedriger ist die Verschuldungsquote des Unternehmens. Wenn sich aus der Gearingberechnung ein negatives Ergebnis ergibt, bedeutet dies, dass das Unternehmen mehr liquide Mittel als Finanzverbindlichkeiten zur Verfügung hat. In diesem Fall hat das Unternehmen einen Cashüberschuss. Dies ist jedoch nicht unbedingt von Vorteil, denn ein erfolgreiches Unternehmen sollte überschüssiges Vermögen grundsätzlich in neue Projekte investieren. Ein hohes Gearing hingegen bedeutet, dass ein Unternehmen stark verschuldet ist und somit ein Risiko darstellt. Je nach Branche liegt ein akzeptables Gearing zwischen 10 und 40 %.

Bewertungskennzahlen

- Marktkapitalisierung: Diese drückt aus, wie viel das Eigenkapital des Unternehmens am Markt wert ist. Die Berechnung ergibt sich aus der Multiplikation der Anzahl an Aktien des Unternehmens mit dem aktuellen Aktienkurs. Die Marktkapitalisierung ist eine schwankende Kennzahl, da sich die Aktienkurse laufend verändern.

- Unternehmenswert: Dieser ergibt sich aus der Addition des Fremdkapitals (sprich der Schulden) und der Subtraktion der liquiden Mittel und gibt Auskunft darüber, wie wertvoll ein Unternehmen ist.

- Unternehmenswert/Umsatz: Um einzelne Unternehmen miteinander zu vergleichen, ist die Analyse des Verhältnisses von Unternehmenswert und Umsatz eine gute Methode. Wenn das daraus errechnete Ergebnis von Unternehmen X höher ist als von Unternehmen Y, bedeutet dies, dass das Unternehmen X wertvoller bzw. teurer ist, da die Aktionäre bereit sind, mehr dafür zu bezahlen.

- KGV steht für Kurs-Gewinn-Verhältnis. Hierbei wird die Marktkapitalisierung durch den Jahresgewinn dividiert. Diese Kennzahl gibt an, wie häufig die Investoren bereit sind, den Gewinn des Unternehmens zu bezahlen. Gleichzeitig gibt dies wieder, wie lange diese zu warten bereit sind, bis sich ihre Investition wieder rentabilisiert hat. Diese Kennzahl ist jedoch manipulierbar, da der Gewinn manipulierbar ist.

- KBV steht für Kurs-Buch-Verhältnis. Hierbei wird die Marktkapitalisierung durch das Eigenkapital geteilt. Das bilanzielle Eigenkapital ist der Wert des Eigenkapitals, wie in der Bilanz ersichtlich. Die Marktkapitalisierung hingegen ist eine dynamische Größe, die sich aufgrund der Kursveränderungen jeden Tag ändert. Liegt das KBV unter 1, könnten Sie 1 EUR Eigenkapital für weniger als 1 EUR kaufen. Dieses Szenario ist jedoch selten und meist nur dann der Fall, wenn die Börse keine Zukunftsaussichten mehr für dieses Unternehmen sieht.

- KCV steht für das Kurs-Cashflow-Verhältnis. Hierbei wird die Marktkapitalisierung durch den operativen Cashflow dividiert. Um diese Kennzahl zu verstehen, ist es wichtig, den Begriff Cashflow näher auszuführen. Der Cashflow ist jener Betrag, der übrigbleibt, wenn sämtliche Zahlungsströme berücksichtigt wurden. Es ist der Betrag, der am Ende als Barmittel zur Verfügung steht. Im Gegensatz zum Gewinn ist der Cashflow schwer manipulierbar. Ein niedriger Wert bedeutet, dass das Unternehmen derzeit niedrig bewertet und somit unterbewertet wird.

10 Tipps für Einsteiger

Je früher, desto besser: Sie sollten nicht auf den perfekten Zeitpunkt warten, bis Sie mit dem Investieren starten. Generell gilt: Je früher Sie beginnen, desto besser. Das müssen keine großen monatlichen Beträge sein, Sie können bereits mit kleinen Sparbeträgen ein Vermögen aufbauen.

Verstehen Sie Ihre Investition: Ein Fehler, den viele Anfänger machen, ist es, blind in etwas zu investieren, bei dem hohe Gewinne ohne nennenswertes Risiko versprochen werden. Von solchen Versprechungen sollten Sie Abstand nehmen. Generell gilt: Vertrauen Sie niemals blind. Nehmen Sie sich lieber die Zeit und verstehen Sie Ihr Investment sowie die Hintergründe dahinter.

Verantwortung übernehmen für die individuellen Investitionsentscheidungen: Wichtig ist, dass Sie mit Ihren persönlichen Entscheidungen selbst gut leben können. Es läuft nicht immer alles glatt, jeder, der über mehrere Jahre investiert wird früher oder später lernen, dass es Höhen und Tiefen bei der Anlage in Wertpapiere gibt. Entscheidend ist, dass Sie Ihren eigenen Entscheidungen unabhängig von Ihren Gefühlen treu bleiben und dass Sie diese nicht aufgrund von anderen Einflüssen treffen. Ihre Investition sollte niemals für einen schlechten Schlaf sorgen.

Nicht alles auf ein Pferd setzen: Fehlentscheidungen passieren – aus jedem Fehler lernen Sie persönlich etwas dazu und können in der Zukunft davon profitieren. Umso wichtiger ist es, dass Sie niemals alles auf eine Position setzen – nur so bleibt es Ihnen auch erspart, dass Sie ihr gesamtes eingesetztes Kapital verlieren. Dies betrifft auch die Streuung in Ihrem Portfolio auf verschiedene Anlageklassen. Sie sollten niemals alles nur in Aktien investieren, sondern gezielt zusätzliche Anlagetypen wie Anleihen beimischen. So halten Sie Ihr Risiko gering.

Setzen Sie auf eine langfristige Strategie: Auf lange Sicht haben Aktienmärkte positive Renditen, allerdings gibt es zwischendurch Schwankungen – daher ist eine zwischenzeitliche negative Position nicht unüblich. Ein langer Atem ist beim Investieren wichtig, achten Sie darauf, dass Sie auch in Krisenzeiten einen kühlen Kopf bewahren und niemals in Panik geraten und womöglich unter Verlust verkaufen. Kurzfristiges Kaufen und Verkaufen von Wertpapieren ist reine Spekulation, ebenso wie eine Anlage in Wertpapiere für einen Zeitraum von ein bis zwei Jahren.

Investieren Sie mit einem Ziel vor Augen: Die Festlegung eines langfristigen Ziels, für das es sich persönlich lohnt zu sparen und zu investieren, hilft Ihnen dabei, die Motivation aufrechtzuerhalten. Ein mögliches Ziel kann es sein, die finanzielle Freiheit mit 50 zu erreichen. Nicht zu empfehlen ist ein kurzfristiges Sparziel, da Sie immer langfristig investieren sollten.

Stets die Kosten, Steuern und Gebühren im Blick behalten: Wer in Wertpapiere investiert, sollte dabei stets die laufenden Kosten, Steuern und Gebühren im Überblick behalten. Diese beinhalten beispielsweise die Transaktionskosten für den An- und Verkauf. Generell gilt: Anbieter zu vergleichen, lohnt sich! Je niedriger die Transaktionskosten, desto besser – und je nach persönlicher Anlagestrategie sind diese umso bedeutender. Seien Sie sich darüber im Klaren, dass bei der Realisierung von Gewinnen aus Wertpapieren Steuern fällig werden.

Rendite und Risiko hängen eng zusammen: Generell gilt, je höher die Renditen sind, die Sie erreichen können – desto höher ist auch Ihr Risiko für den Totalverlust. Sie sollten sich niemals von großen Renditemöglichkeiten verführen lassen. Es gibt unterschiedliche Arten von Risikotypen – wichtig ist, dass Sie sich bei Ihrer Investition wohlfühlen und auch bei einem Verlust ruhig schlafen können. Vergessen Sie nicht, auch Kleinvieh macht Mist. Sie können auch bei risikoärmeren Investitionen gute Renditen erzielen.

Nutzen Sie den Zinseszinseffekt: Wenn Sie sich langfristig ein Vermögen aufbauen möchten, sollten Sie Ihre Gewinne reinvestieren und so vom Zinseszinseffekt profitieren. Er verhilft Ihnen dabei, dass Ihr Vermögen immer weiterwachsen kann.

Sie sollten daher nicht Ihre Gewinne aus den Wertpapieren unmittelbar verkonsumieren, sondern weiter bzw. zusätzlich investieren. Wenn Sie ohne Zinseszinseffekt investieren, addieren Sie Ihre Gewinne. Wenn Sie mit dem Zinseszinseffekt arbeiten, multiplizieren Sie hingegen Ihre Gewinne.

Praxiserfahrungen sammeln und einfach anfangen: Haben Sie keine Angst davor, einfach anzufangen und sich auszuprobieren. Sie müssen ohnehin davon ausgehen, dass Ihnen Fehler passieren werden – aber nur wenn Sie echte Praxiserfahrungen sammeln, können Sie sich beim Investieren weiterentwickeln.

Die Anlagestrategien im Überblick

Grundsätzlich gibt es für die Anlage und Investition in Wertpapieren unterschiedliche Strategien, die verfolgt werden können. Es kann zudem durchaus Sinn haben, sich eine eigene passende Strategie zu überlegen. Einige der bekanntesten Strategien werden im nächsten Punkt näher betrachtet. So können Sie für sich entscheiden, ob eine passende Strategie dabei ist, die sie bei der Investition in Wertpapiere verfolgen möchten.

Die Dividendenstrategie

Jene Investoren, die die Dividendenstrategie verfolgen, konzentrieren sich besonders auf Aktien, die seit einem längeren Zeitraum eine sehr hohe Dividendenrendite aufweisen. Die Dividende ist eine Ausschüttung des Unternehmens, mit der ein

Aktionär am Jahresgewinn eines Unternehmens beteiligt wird. Grundsätzlich ist ein Unternehmen nicht dazu verpflichtet, Dividenden an seine Aktionäre zu bezahlen, sondern kann sich auch dafür entscheiden, die Jahresgewinne im Unternehmen zu belassen und für interne Investitionen zu nutzen. Die Dividendenrendite berechnet sich aus der Division von jährlicher Dividende und dem aktuellen Aktienkurs. Auf den meisten Finanzsheets ist die Dividendenrendite bereits ausgerechnet und direkt angegeben. Der Gewinn einer Aktie setzt sich aus den Dividendenzahlungen und Kursgewinnen zusammen. Daher ist der Aktiengewinn die Summe aus Dividenden und Kursgewinnen. Bei Auszahlung der Dividende kommt es beim Aktienkurs zum Dividendenabschlag. Dadurch sinkt der Aktienkurs eines Unternehmens unmittelbar nach der Auszahlung der Dividenden. Ihre Aktienrendite bleibt jedoch trotz Senkung des Aktienkurses gleich, da Sie dafür ja eine Dividende erhalten haben. Grundsätzlich sollte es in effizienten Märkten keinen Unterschied machen, ob ein Unternehmen seine Dividende ausbezahlt oder die Gewinne zur Reinvestition behält, der Aktiengewinn ist daher gleichbleibend. Bei der Dividendenstrategie steht somit nicht die Kapitalmaximierung im Vordergrund, sondern der Aufbau eines regelmäßigen Cashflows in Form von unmittelbaren Gewinnausschüttungen in regelmäßigen Zeitabständen. Dabei nehmen die Investoren auch in Kauf, von Kursgewinnen weniger zu profitieren. Wenn Sie die Dividendenstrategie verfolgen möchten, empfiehlt es sich, in dividendenstarke und dividendenorientierte ETFs zu investieren.

Widmen wir uns nun einmal den Vor- und Nachteilen dieser Strategie. Ein Vorteil ist, dass Sie als Investor regelmäßige Auszahlungen erhalten. Die unmittelbaren Auszahlungen der Gewinne schützen die Aktionäre auch davor, dass das Management diese Gewinne veruntreuen oder schlecht investieren kann. Ein Nachteil der Dividendenstrategie ist, dass weniger Aktien zur Auswahl stehen und dadurch eine hohe Diversifikation verhindert wird. Diese Aktienauswahl ist zudem sehr zeitintensiv, da man sich laufend mit Unternehmen und deren Dividenden beschäftigen muss. Außerdem sind die Dividenden bereits in den Preis der Aktie eingerechnet, daher sind auch die Kursgewinne geringer.

Die Value-Investing-Strategie – Substanzwertaktien

Bei den Value-Aktien sind jene Unternehmen inkludiert, denen man weniger Wachstum zutraut und welche in der Regel auch ein geringeres Wachstum aufweisen als der Markt. Diese kommen meist aus traditionellen, weniger technologieorientierten Branchen, z. B. Automobilbranche, Finanzen oder Stahlindustrie. Meist haben diese Unternehmen einen niedrigeren Bekanntheitswert und weisen ein niedrigeres Kurs-Gewinn-Verhältnis auf. Interessant ist auch, dass die Gewinne und der Cashflow der Value-Unternehmen meist höher ausfallen als bei Growth-Aktien. Dies führt auch zu höheren Dividendenzahlungen. Die Investitionen im Unternehmen sind bei Substanzwertaktien meist niedriger. Value-Aktien werden von Investoren weniger bevorzugt und teilweise als riskanter eingestuft als Growth-Aktien. Über einen langen Zeitraum betrachtet haben Value-Aktien zumeist eine bessere Performance als Growth-Aktien. In der Vergangenheit gab es jedoch auch Phasen, in denen dies umgekehrt der Fall war.

Growth-Strategie – Wachstumsaktien

Als Wachstumsaktien bezeichnet man Unternehmen, die ein sehr hohes Wachstum aufweisen. Dieses Wachstum ist dabei überdurchschnittlich hoch und somit höher als der Markt. Meist kommen diese Wachstumsaktien aus der Technologie-Branche. In der Regel sind die meisten Aktien, die sich auch in großen Indizes wie dem DAX befinden, Wachstumsaktien. Dies führt dazu, dass diese bei Investoren besonders hoch im Kurs stehen und daher auch überwiegend in Growth-Aktien investieren. Die Dividendenausschüttungen kommen bei Wachstumsaktien seltener vor und fallen meistens auch geringer aus als bei den Value-Aktien. Die Growth-Unternehmen reinvestieren meist ihre Gewinne und gelten insbesondere in Risikozeiten als beständiger, da sie weniger an Wert verlieren. Zusammengefasst lässt sich sagen, dass eine Mischung aus der Investition von Growth- und Value-Aktien definitiv die ideale Möglichkeit ist, um von beiden Seiten zu profitieren.

Buy-&-Hold-Strategie

Bei der Buy-&-Hold-Strategie kaufen Sie als Investor Einzelaktien von Unternehmen und halten diese langfristig. Ziel ist es, von einem stetigen Wertzuwachs zu profitieren. Der Vorteil bei dieser Strategie ist, dass so mit wenig Aufwand eine diversifizierte Investition möglich ist, vorausgesetzt Sie kaufen verschiedene Unternehmensaktien aus unterschiedlichen Branchen. Wichtig ist ein langer Anlagehorizont zwischen fünf und zwanzig Jahren. Es gilt: Je länger, desto besser. Kurzfristige Kursschwankungen sind bei Aktien nicht unüblich, es ist daher schwierig, den passenden Zeitpunkt zum Kauf oder Verkauf zu erwischen. Deshalb ist der langfristige Anlagehorizont von Bedeutung, da hierbei der Aktienkurs nahezu keine Rolle spielt.

Index-Strategie

Bei der Index-Strategie verfolgt der Investor den Ansatz, nicht auf einzelne Wertpapiere, sondern auf einen kompletten Aktienindex, z. B. den DAX, zu setzen. Dabei handelt es sich um eine passive Anlagestrategie, bei der sich die Gewinne aus der Entwicklung des jeweiligen Index ergeben.

Investieren mit Asset Allocation

Asset ist der englische Begriff für Vermögen. Als Assetklassen werden sämtliche Vermögenswerte zusammengefasst, die ein ähnliches Verhältnis aus Risiko und Rendite aufweisen. Die bekanntesten Assetklassen sind Anleihen, Aktien, Immobilien, Rohstoffe und Barmittel. Aktien lassen sich in Standardwerte, mittelgroße Werte und Nebenwerte einteilen. Eine weitere Unterteilung sind Unter-Assetklassen, die z. B. in Branchen oder

Regionen unterteilt sind. Die Asset Allocation ist somit die Aufteilung Ihres Kapitals in verschiedene Assetklassen, bei der Sie persönlich jeweils die Entscheidung treffen, zu wie viel Prozent Sie in welche Assetklassen investieren.

Investieren mit der 70/30-Regelung

Bei der 70/30-Regelung wird zu 70 % in den MSCI World – sprich in die Industriestaaten – investiert und zu 30 % in die MSCI Emerging Markets – sprich in die Schwellenländer. Beide ETFs werden daher zu einem Verhältnis von 70/30 gemischt. Das Ziel ist es hierbei, das gesamte Weltportfolio abzubilden. Wobei dabei erwähnt werden muss, dass mit dieser Konstellation nicht tatsächlich der gesamte Weltmarkt abgebildet wird, da die Entwicklungsländer (sogenannte Frontiermarkets) sowie Small Caps fehlen. Nichtsdestotrotz ist die Streuung mit der 70/30-Regelung sehr gut, da ein großer Anteil der Welt abgebildet wird. Allein im MSCI World sind rund 1600 Aktien enthalten.

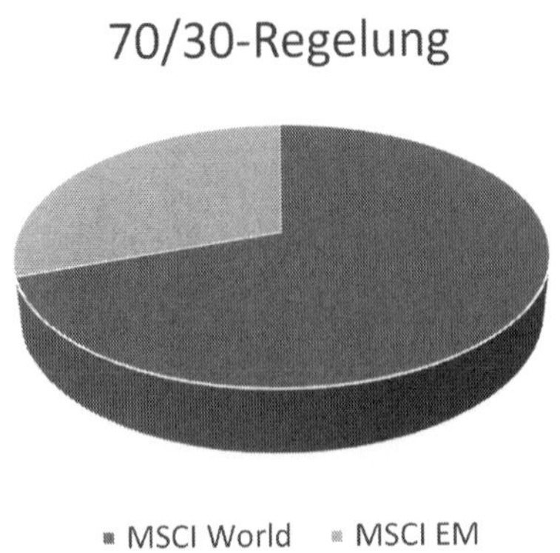

Im MSCI World sind keine Schwellenländer enthalten. Ein Grund, der jedoch dafürspricht, auch in diese Märkte zu investieren, ist die Tatsache, dass der Großteil der Weltbevölkerung Teil des Emerging Markets ist. Es hat daher Sinn, diesen Kapitalmarkt in der Investition zu berücksichtigen. Darin enthalten sind auch wirtschaftsstarke Länder wie China. Zudem sind in diesen Märkten meist höhere Renditen möglich, woraus sich jedoch auch ein höheres Risiko ergibt. Das ist allerdings immer vom jeweiligen Betrachtungszeitraum abhängig und auch keine Garantie dafür, dass dies in der Zukunft so bleiben wird. Denn es gibt auch Zeitpunkte, in denen die Rendite bei den Industrie-Staaten (bzw. beim MSCI World) deutlich besser ist. Worauf Sie zudem achten sollten, ist, dass bei den Emerging Markets der China-Anteil sehr hoch ist. Es wird immer wieder gemeldet, dass die chinesische Politik in die Märkte eingreift und ausländische Investoren systematisch schlechter gestellt werden. Dadurch wird deutlich, dass das Risiko bei der Investition in Schwellenländer höher ist.

Wenn Sie Ihr 70/30-Portfolio optimieren möchten, wäre es sinnvoll, wenn Sie mehr europäische Aktien sowie Small Caps mit in Ihr Portfolio aufnehmen.

Generell gibt es unterschiedliche Möglichkeiten zu investieren, im nächsten Punkt wird darauf näher eingegangen.

Aktiv vs. passiv investieren

Grundsätzlich gibt es zwei Möglichkeiten zu investieren. Auf der einen Seite das aktive Investieren und auf der anderen Seite das passive Investieren.

Aktives Investieren

Das Ziel beim aktiven Investieren ist es, den Markt zu schlagen und eine Überrendite zu erzielen. Investieren Sie beispielsweise aktiv in einzelne deutsche Aktien, ist das Ziel, dass Ihre Rendite höher ausfällt als der deutsche Aktienindex. Dazu müssen Sie sich aktiv mit Ihren Investitionen beschäftigen. Sie suchen sich dabei einzelne Aktien heraus und analysieren diese und entscheiden demnach, ob Sie eine Aktie kaufen oder nicht. Das erreichen Sie mit Stockpicking und Timing. Stockpicking bedeutet, dass Sie sich gezielt einzelne Aktien herauspicken, bei denen Sie denken, dass diese eine überdurchschnittlich gute Rendite erzielen. Dabei spielt das richtige Timing eine Rolle, weil Sie darauf achten sollten, wann der beste und damit günstigste Zeitpunkt für einen Kauf und Verkauf ist. Diese beiden Elemente, das Stockpicking und das Timing, spielen beim passiven Investieren keine Rolle.

Vorteilhaft ist bei der aktiven Investitionsform, dass Sie Ihren Horizont langfristig erweitern und einen enormen Lerneffekt generieren. Denn Sie müssen sich aktiv und intensiv in das Thema hineinlesen und damit auseinandersetzen, wodurch Sie dazu gezwungen sind, sich ein großes Wissen anzueignen.

Das setzt natürlich voraus, dass Sie ein grundsätzliches Interesse an der Thematik haben. Zusätzlich besteht beim aktiven Investieren die Möglichkeit und Chance, dass Sie eine Überrendite erzielen und damit eine höhere und bessere Rendite erreichen als der Markt. Außerdem nehmen Sie damit die Sache selbst in die Hand und entscheiden, worin genau Sie investieren möchten und sind dadurch nicht von den Entscheidungen anderer abhängig.

Ein Nachteil beim aktiven Investieren ist, dass Sie gerade am Anfang mit einem hohen Zeit- und Arbeitsaufwand rechnen müssen. Das aktive Investieren lässt sich nicht innerhalb von einer Stunde erlernen. Sie müssen sich mit dem Thema tiefgründig beschäftigen, um ernsthaft und erfolgreich aktiv investieren zu können. Um tatsächlich Erfolg zu haben, ist generell viel Erfahrung notwendig. Ansonsten ist Ihr Risiko, Verluste einzufahren, deutlich erhöht. Die Überrendite ist zwar möglich, aber es gibt keine Garantie. Dazu kommt, dass Sie für diese Anlageform ein gewisses Startkapital mitbringen müssen. Daher eignet sich diese Form weniger für Anfänger.

Passives Investieren

Beim passiven Investieren ist das Ziel nicht, eine Überrendite zu erzielen, sondern die durchschnittliche Rendite des Marktes zu erreichen. Die theoretische Grundüberlegung ergibt sich aus der Effizienzmarkttheorie. Diese besagt, dass Finanzmärkte effizient sind und alle verfügbaren Informationen bereits in den Preisen der Wertpapiere enthalten sind. Die mögliche zu erzielende Rendite ist die Marktrendite. Studien sind zu dem Ergebnis gekommen, dass weniger als 5 % der aktiv gemanagten Fonds über einen längerfristigen Zeitraum ihren Vergleichsindex überholen. Es existieren natürlich Ausnahmen, allerdings lässt sich die Zukunft nicht aus den vergangenen Jahren ableiten. Darauf basierend sind Ende der 80er-Jahre die ETFs entstanden, die einen Index nachbilden.

Das passive Investieren bringt einige Vorteile mit sich. Zum einen müssen Sie nicht laufend die Märkte verfolgen, um einen günstigen Zeitpunkt zum Kaufen oder Verkaufen zu finden. Dadurch sparen Sie sich einerseits Zeit und andererseits auch Nerven. Zum anderen ist die hohe Risikodiversifizierung zu nennen, die Sie beim passiven Investieren automatisch vorliegen haben. Ein ETF enthält eine Vielzahl an unterschiedlichen Positionen, wohingegen Sie sich beim aktiven Investieren selbst darum kümmern müssen, das Risiko möglichst breit zu streuen. Zusätzlich profitieren Sie von den günstigen Kosten und laufenden Gebühren. Normalerweise müssten Sie mit einem Ausgabeaufschlag zwischen 1 und 5 % rechnen und auch die laufenden Gebühren sind zumeist hoch. Wohingegen bei ETFs diese Gebühren teilweise gänzlich wegfallen und die laufenden Kosten um einiges geringer sind. Hinzu kommt, dass Sie bereits mit einem geringen Betrag von beispielsweise 25 EUR pro Monat passiv investieren können. Daher lohnt sich das passive Investieren besonders am Anfang, wenn Sie sich noch kein großes Vermögen aufgebaut haben. Außerdem profitieren insbesondere jene, die gerade mit dem Investieren in Wertpapiere begonnen haben. Denn durch das passive Investieren tasten Sie sich langsam an das Thema heran und lernen den ersten Umgang mit Wertpapieren.

Ein Nachteil hingegen ist die Tatsache, dass Sie nicht so hohe Rendite (Überrendite) erzielen können. Zudem eignen Sie sich meistens erst beim aktiven Investieren detailliertere Informationen zur Anlage in Wertpapiere an. Denn dort müssen Sie sich aktiv mit Kennzahlen, Kursverläufen und deren Ursachen auseinandersetzen. Was für viele zusätzlich als Nachteil angesehen wird, ist die Tatsache, dass nur in seltenen Fällen die Aktionäre Ihr Stimmrecht nutzen. Zusammenfassend lässt sich sagen, dass sich das passive Investieren insbesondere für Anfänger sehr gut eignet, um sich langfristig ein Vermögen aufzubauen.

Investieren in Small-Cap-Aktien

Bei Small-Cap-Aktien handelt es sich um verhältnismäßig kleine Unternehmen, welche an der Börse gelistet sind. Eine weitere gängige Bezeichnung dafür sind Nebenwerte. In diese Form von Aktien zu investieren, kann gewisse Vorteile mit sich bringen.

Der gesamte Aktienmarkt wird in der Regel unterteilt in Large Caps, Mid Caps, Small Caps und Micro Caps. Um herauszufinden, in welcher Kategorie sich ein Unternehmen befindet, wird die Marktkapitalisierung herangezogen. Die Marktkapitalisierung ist der Wert eines Unternehmens an der Börse. Sie berechnen diese, indem Sie die Anzahl der Aktien mit dem Aktienkurs multiplizieren.

Die Unterteilung in die jeweiligen Kategorien ist abhängig vom jeweiligen Indexanbieter. Beim MSCI World sind die größten 70 % der Unternehmen Large Caps, gefolgt von 15 % Mid Caps, 14 % Small Caps und 1 % Micro Caps. Die Definition von Small Caps ist daher nie eindeutig möglich, da diese vom jeweiligen Anbieter definiert wird und davon abhängig ist. Es existieren mehr Small Caps als Large oder Mid Caps.

Kleinere Unternehmen haben in der Regel ein fokussiertes Geschäftsmodell und höheres Wachstumspotenzial. Dadurch ergeben sich aber auch unternehmensspezifische Risiken, geringere Liquidität und weniger Transparenz.

Wenn Sie sich die durchschnittliche jährliche Rendite bei Small Caps ansehen, wird klar, dass hier ein großes Potenzial vorliegt. Die durchschnittliche Rendite pro Jahr liegt beim MSCI World Small Cap bei 9,7 % und beim MSCI World bei 6,7 %. Das Risiko ist hingegen nur minimal erhöht. Das alles ist jedoch abhängig vom Zeitfenster und kann daher auch nur ein kurzzeitiger Trend sein.

Zwischen 75 und 80 % aller an der Börse gelisteten Unternehmen sind Small Caps. In der weltweiten Marktkapitalisierung nehmen Sie hierbei einen Wert von 14 % ein und sind daher nicht vernachlässigbar. Eine Investition in Small Caps wirkt sich positiv auf die Diversifizierung in Ihrem Portfolio aus. Es ist jedoch nicht empfehlenswert, sein Kapital ausschließlich in Small Caps zu investieren, da diese auch mit Nachteilen verbunden sind. So fallen die Kurse der Small Caps in Krisensituationen schneller. Die Investition in Small Caps kann sich als Beimischung zu Large und Mid Caps durchaus lohnen.

Der Grund liegt auf der Hand: Mithilfe der Asset Allocation mischen Sie verschiedene Assetklassen miteinander und diversifizieren so Ihr Risiko. Sie sollten dabei nach jenen Assetklassen Ausschau halten, die eine möglichst geringe Korrelation haben, wie Value-Aktien oder Rohstoffe. In Krisenzeiten, wenn Aktienkurse fallen, steigt beispielsweise der Goldwert. Langfristig gesehen, spielt es eine wichtigere Rolle, wie Sie Ihr Vermögen aufteilen als der Zeitpunkt, wann Sie investiert haben. Wichtig ist auch, dass Sie die Gewichtung Ihrer Investition regelmäßig anpassen – durch sogenanntes Re-Balancing bzw. Neugewichten. Dies ist notwendig, wenn z. B. der Anteil bestimmter Aktien nach einiger Zeit aufgrund von Kurssteigerungen einen höheren Anteil in Ihrem Portfolio ausmachen. Dazu verkaufen Sie einen Teil der Aktien, um mit diesem eine andere Assetklasse, z. B. Rohstoffe, zu kaufen, damit ein gutes Verhältnis aufrechterhalten wird. Dadurch gelingt Ihnen die Regression zur Mitte, das bedeutet, dass Assetklassen die Tendenz haben, zu Ihrer durchschnittlichen langfristigen Rendite zurückzufallen. Das bedeutet konkret, dass jene Assetklassen, die in einem Jahr überdurchschnittlich performen, statistisch gesehen in den nächsten Jahren eine geringere Rendite erzielen werden. Im anschließenden Punkt wird veranschaulicht, wie die Asset Allocation in der Praxis angewendet werden könnte.

Krisen verstehen und richtig handeln – die größten Krisen im Überblick

Eine Finanzkrise wird meist einem Börsencrash gleichgesetzt. Auf eine Finanzkrise folgt meist eine Wirtschaftskrise. Ein Börsencrash charakterisiert sich dadurch, dass an der Börse die Kurse einer Vielzahl von Unternehmen schlagartig stark fallen. Diese starken Kursfälle führen bei vielen Investoren zu Panikverkäufen, dies sorgt wiederum dafür, dass die Kurse noch stärker fallen. Nicht verwunderlich ist, dass Krisen häufig mit Bankenkrisen zusammenhängen. Banken stehen im Zentrum der Finanzwelt und sind somit unmittelbar von Schwankungen am Finanzmarkt betroffen. In extremen Fällen können derartige Finanzkrisen dazu führen, dass Banken vereinzelt bankrottgehen und es dadurch zu „Bank Runs“ kommt. Bei „Bank

Runs“ stehen Kunden in Schlange vor den Banken, um Ihre Ersparnisse möglichst schnell zurückzubekommen. Beobachten lässt sich, dass sich in fast allen Krisen vorab eine Spekulationsblase gebildet hat, die zum Zeitpunkt der Finanzkrise platzt. Solch eine Spekulationsblase entwickelt sich immer dann, wenn viele Investoren in eine Anlageklasse investieren und dadurch die Kurse enorm steigen. Zu solchen Spekulationsblasen ist es in der Vergangenheit bereits in nahezu allen Anlageklassen gekommen. Sowohl in unterschiedlichen Aktien, Anleihen als auch auf den Immobilien- oder Rohstoffmärkten. Eine Prognose solcher Spekulationsblasen ist nur sehr schwer möglich, meist lässt sich erst im Nachhinein definieren, dass es sich dabei um eine Spekulationsblase gehandelt hat. Deshalb kommen Finanzkrisen und Börsencrashs auch immer sehr überraschend und sind meist nicht oder nur sehr schwer vorhersehbar. Ein großes Problem bei einer Finanzkrise ist die Tatsache, dass Finanzkrise und Wirtschaftskrise unvermeidbar zusammenhängen. Wenn die Kurse von einzelnen Unternehmen an der Börse stark fallen, verlieren damit auch die jeweiligen Unternehmen an Wert. Der Kapitalmarkt friert somit ein und führt zu Einschränkungen in der Wirtschaft. Die Banken sind in solchen Situationen deutlich vorsichtiger bei der Kreditvergabe an Unternehmen. Das führt dazu, dass Unternehmen weniger Kapital zur Verfügung haben, mit dem sie arbeiten können. Das hindert diese daran, weiter zu investieren, wodurch ihre Umsätze langfristig einbrechen werden. Umsatzeinbrüche von Unternehmen führen zu

Krisen innerhalb der Unternehmen, wodurch es auch zu Entlassungen und Arbeitslosigkeit am Arbeitsmarkt kommen kann. Sie können sich eine Finanzkrise also wie Dominobausteine vorstellen, wenn erst ein Stein ins Rollen gerät, lässt sich das Ganze nicht mehr verhindern und alles droht zu fallen.

Krisen im Überblick

Krisen sind grundsätzlich nicht ungewöhnlich – sie tauchen regelmäßig in 5 bis 10 Jahreszyklen auf und gehören somit dazu. Im folgenden Abschnitt beschäftigen wir uns mit großen Krisen aus unterschiedlichen Jahrzehnten.

Die Tulpenkrise aus dem 17. Jahrhundert

Die holländische Tulpenkrise begann 1630, zu dieser Zeit erlebten Tulpenzwiebeln ihre Blütezeit und waren sehr populär. Für gut betuchte holländische Familien war es ein Zeichen des Wohlstandes und des Prestiges, möglichst viele Tulpen in unterschiedlichen Variationen im eigenen Garten zu haben. Dies führte zu einer sukzessiven Nachfrage an Tulpenzwiebeln, was wiederum zu Preiserhöhungen führte. Daraus ergab sich ein lukratives Geschäft, wodurch sich immer mehr Menschen mit dem Anbau der unterschiedlichen Tulpenarten beschäftigten und selbst zu Züchtern wurden. Es wurden sogar aus dem Ausland Tulpenzwiebeln importiert und die Nachfrage breitete sich auf die gesamte holländische Bevölkerung aus, da der Preis dieser Tulpenzwiebeln immer weiter anstieg. Da das Angebot dieser Tulpenzwiebeln mit der Nachfrage nicht mehr mithalten konnte, entstanden Optionen, mit denen man Tulpenzwiebeln gar nicht mehr tatsächlich besitzen musste, sondern direkt auf Preiserhöhungen setzen konnte. Es entstand eine Spekulationsblase, die dann geplatzt ist und in den Niederlanden zu einer hohen Rezession geführt hat.

Der Börsencrash in New York am 24. Oktober 1929

Der Börsencrash in New York führte zu einer Weltwirtschaftskrise und war der Auslöser von „The Great Depression". Dieser 24. Oktober 1929 ist auch bekannt als „Black Thursday" bzw. „Schwarzer Donnerstag". An diesem Tag fielen die Kurse so stark, dass jene amerikanischen Unternehmen, die an der Börse gelistet waren, 11 Milliarden USD an Wert verloren haben. Dies führte zu einer riesigen Wirtschaftskrise, die sich nicht nur in den Vereinigten Staaten ausbreitete, sondern aufgrund der wirtschaftlichen Netzwerke auf der ganzen Welt spürbar war. Es kam zu Deflation, Bankenkrisen, Massenarbeitslosigkeit, sozialen Unruhen und politischen Krisen.

Dotcom-Blase in den 2000er Jahren

Zu diesem Zeitpunkt existierte ein riesiger Hype um Technologieaktien, da die Internetwelt boomte. Der deutsche Aktienindex (DAX) erreichte am 13. März 2000 – als der Börsengang von Infineon verkündet wurde, seinen Höhepunkt. Das Investieren in große Technologieunternehmen erlangte große Beliebtheit. Der Börsengang von Infineon war so ein Erfolg, dass es zu Zusammenbrüchen von einigen Börsensystemen kam. Die steigende Nachfrage führte zu massiven Preissteigerungen an der Börse, wodurch wiederum eine Spekulationsblase entstand. Aus diesem Grund ist es auch hier zu einem Platzen dieser Spekulationsblase gekommen, da viele gehypte Technologieunternehmen den Gewinnerwartungen der Investoren nicht gerecht werden konnten. Dies führte zu einer regelrechten Pleitewelle unter vielen Technologieunternehmen. Nur wenige große Player wie Amazon oder Google konnten diese Dotcom-Blase letztlich überstehen, aber selbst diese mussten zu der Zeit massive Kursabstürze erleben.

Subprime Crisis

Hierbei war der Immobilienmarkt in den USA betroffen, der innerhalb kürzester Zeit enorm an Wert gewann. Die Preise der Immobilien stiegen derartig an, dass auch hier eine Spekulationsblase entstand. Es war zu dieser Zeit für jedermann möglich, selbst wenn kein festes und regelmäßiges Einkommen erzielt wurde, eine Immobilie durch Bankkredite finanzieren zu lassen. Die Immobilien wurden als Sicherheit bei den Banken hinterlegt, da die Banken von laufenden Preissteigerungen ausgingen, haben diese aufgrund der vorhandenen Immobilie als Sicherheit laufend Kredite an Immobilienkäufer vergeben. Da es vermehrt zu Ratenausfällen kam, brach eine Krise aus, die 2008 sogar zum Konkurs der großen Investmentbank Lehman Brothers führte. Die Finanzkrise führte zu Skepsis der Banken untereinander. Für viele Unternehmen wurde es unmöglich, einen Kredit zu erhalten, wodurch sich die EZB sowie die Amerikanische Zentralbank entschieden, den Leitzins auf nahezu 0 % zu senken. Dies sollte dazu führen, dass sich die Banken mehr Kapital von den Zentralbanken leihen, um anschließend wieder Unternehmen Finanzierungen ermöglichen zu können.

Covid-19-Pandemie

Anfang 2020 hörte man in den Medien von einer ansteckenden Atemwegserkrankung aus Asien. Während in Europa das Jahr 2020 normal startete, rief China bereits den Katastrophenfall aus. Es dauerte nur wenige Monate, bis die neuartige und hochansteckende Krankheit auch in Europa ankam und eine Pandemie ausbrach. Im Rahmen der Coronakrise brach der DAX am 9. März 2020 ein und erlebte einen Kursverlust von 10 %. Wenige Tage später kam es erneut zu einem Kurseinbruch um zusätzliche 12 %. Innerhalb eines Monats verlor der DAX 40 % seines Wertes. Dies ist der historisch größte Rückgang des DAX innerhalb einer derartig kurzen Zeit.

Richtiges Verhalten in einer Krise

Erst noch einmal vorweg – Krisen sind ein immer wieder auftretendes und normales Ereignis an der Börse. Sie können sich sicher sein: Die nächste Krise kommt bestimmt.

Viele Anleger haben Angst vor solchen Finanzkrisen, Börsencrashs, Bärenmärkten oder wie auch immer Phasen betitelt werden, die für rote Zahlen, sinkende Renditen und Vermögenswerte sorgen und fürchten um Ihr angelegtes Kapital. Deshalb erhalten Sie nun ein paar Tipps, wie Sie sich während einer solchen Krise richtig verhalten.

Bewahren Sie Ruhe:

Solange Sie Ihre Werte nicht verkaufen, existiert Ihr Verlust nur theoretisch. Erst wenn ein Verlust realisiert wird, also wenn Sie einen Wert zu einem niedrigeren Preis verkaufen als Sie ihn eingekauft haben, wird er auch tatsächlich zu einem Verlust.

Einer der Hauptgründe, warum Anleger während einer Krise Verluste machen, sind Panikverkäufe. Es ist also enorm wichtig für Sie, Ruhe zu bewahren und die Füße stillzuhalten. In der gesamten Historie der Finanzmärkte hat sich der Markt nach jedem Crash wieder erholt und übertraf sogar sein Vorkrisenniveau mit neuen Allzeithochs.

Somit können und sollten Sie Krisen generell immer „aussitzen". Dies kann allerdings Monate oder sogar Jahre dauern. Das erfordert einen langen Atem und setzt natürlich voraus, dass Sie bereits vor der Krise richtig gehandelt haben und Ihr Kapital langfristig und diversifiziert angelegt haben und dieses angelegte Kapital in nächster Zeit nicht benötigt wird.

Sollten Sie sogar etwas Geld übrighaben, können Ihnen Crashs hervorragende Einstiegschancen bieten, da Sie nun durch die gefallenen Preise, Werte günstig einkaufen können.

Sorgen Sie für Ablenkung:

Richten Sie Ihren Fokus auf andere Themen als die Börse. Denn wenn Sie ständig Aktienkurse verfolgen und die roten Zahlen in Ihrem Depot analysieren, ist es schwierig, ruhig zu bleiben und besonnen zu handeln. Versuchen Sie sich deshalb abzulenken, indem Sie sich zum Beispiel während der Krise mehr auf Freunde und Familie oder auf andere Projekte konzentrieren.

Ignorieren Sie die Medien:

Unsere Medien kennen in Krisenzeiten häufig nur ein Thema und verstehen sich gut darin, den Teufel an die Wand zu malen und das Ende der Welt zu prognostizieren. Das ist natürlich ein wenig übertrieben, Sie wissen aber, was gemeint ist.

Von diesen schlechten Nachrichten kann man sich allerdings sehr schnell beeinflussen lassen und in Panik verfallen. Deshalb kann es während einer Krise sinnvoll sein, die Medien komplett zu meiden.

ETF-Spezial

ETFs sind für Anfänger eine ideale Möglichkeit, um mit dem Investieren zu beginnen. Bereits mit kleinen Geldbeträgen können Sie hier Ihre Investition sehr breit diversifizieren und so Ihr Geld risikoarm an der Börse anlegen. Mithilfe eines ETFs können Sie zum Beispiel in einen ganzen Markt oder eine komplette Branche investieren. Der Aufwand ist dabei deutlich geringer, denn Sie geben, wie bereits beschrieben, Ihr Kapital an eine Gesellschaft, die quasi einzelne Aktien, automatisiert für Sie kauft, und so den gewünschten Index abbildet. Dadurch wird durch einen ETF in viele verschiedene Unternehmen investiert und Sie müssen sich nicht aktiv damit beschäftigen, worin Sie genau investieren – es läuft also automatisch, unkompliziert und spart Zeit. In ETFs sollte grundsätzlich immer langfristig investiert werden, um einen rentablen Effekt zu erzielen. Sie müssen nämlich damit rechnen, dass Ihre Investition Schwankungen unterliegt, da auch der Aktienmarkt unwiderruflich mit Auf- und Abschwüngen verbunden ist. Sie sollten daher den investierten Betrag nicht zu einem kurzfristigen Zeitpunkt wieder benötigen, da es sonst passieren könnte, dass Sie Ihre ETF-Anteile in einer Marktphase verkaufen müssen, in der die Preise niedriger sind als der Preis zu dem Sie die Anteile eingekauft haben und dadurch Verluste machen.

ETFs sind beliebt und befinden sich daher im Wachstum. Der Trend führt dazu, dass vermehrt neue Produkte auf den Markt gelangen. Allein auf dem deutschen Markt gibt es mehrere Tausend verschiedene ETFs, die zum Verkauf angeboten werden. Die Frage ist, wie finden Sie den richtigen ETF und worauf müssen Sie achten?

Grundsätzlich gibt es einige wichtige Merkmale, die Sie bei der Auswahl des richtigen ETFs beachten sollten, auf die wir nun eingehen:

Total Expense Ratio

Bei der Total Expense Ratio handelt es sich um die sogenannte Gesamtkostenquote, die ein ETF beinhaltet. ETFs unterscheiden sich dahingehend von klassischen Investmentfonds, dass Ihre Gesamtkostenquote besonders niedrig ist. Nachlesen können Sie dies in der Kennzahl *Total Expense Ratio.* Diese ist transparent nachlesbar und ermöglicht somit einen unmittelbaren Produktvergleich der Gesamtkosten der jeweiligen ETFs. Damit wird es Ihnen leicht gemacht, den günstigsten ETF herauszufiltern.

Replikationsmethode

Bei der Replikationsmethode handelt es sich um die Art, wie der ETF den Index abbildet. Dabei gibt es zwei Möglichkeiten. Zum einen die SWAPS-Abbildung oder auch synthetische Replikation und zum anderen die physische Replikation. Bei der physischen Replikation kauft der ETF-Anbieter direkt die Aktien, die im Index enthalten sind. Wohingegen der ETF-Anbieter bei der SWAP-Replikation die Aktien, die in dem zugrundeliegenden Index enthalten sind, nicht tatsächlich kauft, sondern den Index indirekt über Tauschgeschäfte sogenannte SWAPS abbildet.

Bei einem SWAP gibt es zwei Parteien, die miteinander einen Tauschvertrag abschließen. Auf der einen Seite wäre dies der ETF-Anbieter selbst und auf der anderen Seite wäre das der SWAP-Partner, der oftmals die Konzernmutter des ETF-Anbieters darstellt. Der ETF-Anbieter hält ein sogenanntes Trägerportfolio. Das Kapital, das er von den Anlegern eingesammelt hat, wird in das Trägerportfolio investiert. Auf der anderen Seite gibt es den SWAP-Partner, der dafür garantiert, dass er die Rendite des Index liefert, der abgebildet werden soll. Das Tauschgeschäft wird nicht über die Börse abgewickelt, sondern ist ein sogenanntes OTC-Geschäft, sprich ein individuell ausgehandelter Vertrag außerhalb der Börse. In diesem individuell ausgehandelten Vertrag einigen sich die Parteien, dass der SWAP-Partner die Rendite des Trägerportfolios erhält. Auf der anderen Seite erhält der ETF-Anbieter die jeweilige Rendite des Index. Der Tausch findet auch statt, wenn eine Partei mehr

Rendite erwirtschaftet als die andere. Laut einer EU-Richtlinie darf der Renditeunterschied zwischen den beiden Parteien jedoch 10 % nicht übersteigen. Dies dient dazu, das Risiko der Kontrahenten möglichst gering zu halten. Das Kontrahenten-Risiko besteht darin, dass der SWAP-Partner in Konkurs gehen könnte. Zusätzlich zur EU-Richtlinie kann eine hinterlegte Sicherheitsleistung des SWAP-Partners dieses Risiko weiterhin minimieren. Diese Sicherheitsleistung könnte z. B. aus hochrangigen Staatsanleihen bestehen. Die meisten ETF-Anbieter bewegen sich jedoch ohnehin innerhalb der 10-%-Hürde.

So ist es für die ETF-Anleger möglich, genau jene Rendite zu erhalten, die der jeweilige Index abbildet. Der ETF-Anbieter profitiert davon, dass er aufgrund des SWAP-Geschäfts auch komplizierte Indizes abbilden und die Rendite von Nischenmärkten erhalten kann, die ansonsten schwer zugänglich oder mit hohen Kosten verbunden wären. Zum Beispiel ist ein Rohstoffindex nicht physisch abbildbar, weil ETF-Anbieter keine Basiswerte wie Öl oder Gold lagern können. Mit einem SWAP-ETF ist das Abbilden des Indexes jedoch möglich. Gerade bei ETFs sind die Transaktionskosten von hoher Relevanz. Das liegt daran, dass die Transaktionskosten den Tracking-Error erhöhen. Der Tracking-Error ist die Differenz zwischen der Kursentwicklung des ETFs und der Kursentwicklung des Index. In der Regel wird sich der Index immer besser entwickeln, da er keine Transaktionskosten verursacht und keine Steuern fällig werden. Der ETF hingegen hat Transaktionskosten, die durch den eigenen Broker fällig werden, sowie Börsenplatzgebühren und es werden an mehreren Stellen Steuern fällig. Aus diesem Grund ist es wichtig, dass die Kosten so niedrig wie möglich gehalten werden, um den Tracking-Error möglichst gering zu halten und den Index so gut wie möglich abzubilden. Dieses Tracking-Error fällt bei SWAP-ETFs deutlich geringer als bei physischen ETFs aus, da sie bei der Abbildung des jeweiligen Index nicht die Originalaktien kaufen müssen, was auch dazu führt das sie weniger Gebühren verursachen.

Obwohl ein SWAP-ETF also den Vorteil hat, exotische Märkte oder Indizes in die sonst nur sehr schwer oder gar nicht investiert werden kann, abzubilden und generell weniger Kosten als bei einem physischen ETF anfallen, gibt es einen entscheidenden Nachteil. Und zwar das sogenannte Kontrahenten-Risiko, sprich die Möglichkeit, dass die Gegenpartei bzw. der Tauschpartner bankrottgeht, was zur Folge hat, dass die Anleger ihr Kapital verlieren. Solche Fälle sind bereits in der Vergangenheit passiert, Stichwort Lehman Brothers, wodurch viele Menschen ihre Investitionen verloren haben.

Dieses Risiko besteht bei der physischen Replikation nicht, da hier direkt in die Aktien investiert wird und das Kapital der Anleger als sogenanntes Sondervermögen geschützt ist. Deshalb sollten Sie, wenn Sie auf Nummer sicher gehen wollen und Ihr Geld langfristig investieren wollen, sich trotz der höheren Gebühren auf jeden Fall immer für eine physische Replikation entscheiden und auf SWAP-Replikationen verzichten. Die Nachfrage nach physischen Replikationen ist entsprechend höher und darauf reagieren auch die Anbieter, indem diese vermehrt auf physische Replikationen setzen. Diese Tendenz wird vermutlich auch künftig bleiben.

Versteuerung der Dividenden

Bei der Versteuerung der Dividenden wird zwischen steuereinfach und steuerhässlich unterschieden. Der Verwaltungsaufwand bei der steuereinfachen Versteuerung ist sehr gering. Mit der automatischen Steuerzahlung über den Broker haben Sie Ihre Steuerschuld sofort beglichen und müssen sich steuerlich betrachtet um nichts weiter kümmern. Steuerhässliche Fonds hingegen befinden sich im Ausland und haben in der Regel ausschüttungsähnliche Erträge. Hier ist es wichtig, dass Sie eine Doppelbesteuerung vermeiden. Das hat zur Folge, dass Sie mit einem höheren Verwaltungsaufwand kalkulieren müssen. Diese ausschüttungsähnlichen Erträge müssen Sie selbst in Ihrer Steuererklärung eingeben und entsprechend als Kapitalgewinne versteuern. Daher ist es empfehlenswert, sich grundsätzlich für den steuereinfachen ETF zu entscheiden.

Gewinnverteilungsform: ausschüttend vs. thesaurierend

Ein weiteres wichtiges Merkmal bei der Auswahl Ihres ETFs ist die Frage, ob der ETF die Gewinne ausschüttet oder thesauriert.

Bei thesaurierenden ETFs werden die Gewinne nicht an Sie ausgeschüttet, sondern unmittelbar reinvestiert. Dadurch sparen Sie sich Transaktionskosten. Die Thesaurierung hat zudem den Vorteil, dass die Gewinne für sinnvolle Investitionen verwendet werden, um die künftigen Gewinne weiter aufrechtzuerhalten oder sogar zu steigern. Dadurch profitieren Sie vom Zinseszinseffekt. Wohingegen bei einem ausschüttenden ETF direkt an Sie und die anderen Investoren Dividenden gezahlt werden. Dadurch haben Sie laufend Kapitalbeträge zur Verfügung und können diese anderweitig verwenden oder investieren. Ein weiterer Vorteil ist die Tatsache, dass ausschüttende ETFs, die im Ausland ansässig sind, oftmals Steuervorteile mit sich bringen, denn mithilfe der Ausschüttung können Sie einer sogenannten Doppelbesteuerung entkommen.

Die unterschiedlichen Arten von ETFS

ETFs lassen sich in unterschiedliche Arten bzw. Kategorien untergliedern. Die breite Risikostreuung ist einer der größten Vorteile bei einem ETF. Dennoch sollten Sie auch hierbei darauf achten, dass Sie in unterschiedliche Arten von ETFs investieren, um Ihr Risiko möglichst niedrig zu halten. Nachstehend erhalten Sie eine Übersicht zu den wichtigsten ETF-Arten.

Übersicht ETFs

ETFs untergliedert in Anlageklassen

Es gibt unterschiedliche Anlageklassen, in die investiert werden kann. Mithilfe von ETFs können Sie bereits mit einem geringeren Kapital in Ihre favorisierten Anlageklassen investieren. Dabei wird unterschieden zwischen:

- Aktien-ETFs
- Anleihen-ETFs
- Krypto-ETFs
- Edelmetall-ETFs
- Geldmarkt-ETFs
- Immobilien-ETFs
- Multi-Asset-ETFs
- Rohstoff-ETFs

Es existiert eine Vielzahl von ETFs. Dieses Kapitel soll Ihnen einen ersten Überblick über die Möglichkeiten bei der Investition in ETFs geben. Es wird hierbei jedoch nicht auf jeden einzelnen ETF näher eingegangen. Generell empfiehlt es sich, dass Sie sich selbst online auf Webseiten in die Thematik einlesen. Dabei ist *justETF* eine gute Anlaufstelle, um Detailinformationen über die einzelnen ETFs zu erhalten.

ETFs kategorisiert nach Indizes

Der DAX ist Ihr liebster Index? Kein Problem, es gibt ETFs die sich auf die jeweiligen Indizes fokussieren und spezialisieren. Dabei werden die folgenden ETFs angeboten:

- DAX-ETFs
- Dow Jones Industrial Average-ETFs
- EURO STOXX 50-ETFs
- EURO STOXX Select Dividend 30-ETFs
- FTSE 100-ETFs
- FTSE All-World-ETFs
- FTSE Developed-ETFs
- FTSE Emerging-ETFs
- JPX-Nikkei 400-ETFs
- MDAX-ETFs
- MSCI ACWI-ETFs
- MSCI Emerging Markets-ETFs
- MSCI EMU-ETFs
- MSCI Europe-ETFs
- MSCI Japan-ETFs
- MSCI USA-ETFs
- MSCI World-ETFs
- Nasdaq 100-ETFs
- Russell 2000-ETFs
- S&P 500-ETFs
- STOXX Europe 600-ETFs
- STOXX Global Select Dividend 100-ETFs

Quelle: https://www.justetf.com/de/etf-lists.html

ETFs untergliedert in Themen

Einen aktuellen Boom erleben jene Themen, die unsere Welt auf nachhaltige Art und Weise sowohl technisch, wirtschaftlich als auch gesellschaftlich positiv verändern. Von diesen Trends lässt sich mittels ETFs profitieren. Nachstehende Beispiele verdeutlichen den Boom in den genannten Themen.

Aktienrückkauf-ETFs, Alternde Gesellschaft-ETFs, Batterietechnik-ETFs, Bildung & Lernen-ETFs, Biotechnologie-ETFs, Blockchain-ETFs, Cannabis-ETFs, Cloud Technologie-ETFs, Cyber Security-ETFs, Digitalisierung-ETF , Ernährung der Zukunft-ETFs, Erneuerbare Energien-ETFs, E-Sports & Gaming-ETFs, Fintech-ETFs, Geschlechtergleichheit-ETFs, Glücksspiel-ETFs, Goldminen-ETF , Grüne Mobilität-ETFs, Halbleiter-ETFs, Holz-ETFs, Innovation-ETFs, Islam-konform-ETFs, Klimawandel-ETFs, Künstliche Intelligenz-ETFs, Millennials-ETFs, MLP-ETFs, Onlinehandel-ETFs, Raumfahrt-ETFs, Robotik & Automatisierung-ETFs, Wasser-ETFs, Wasserstoff-ETFs

Quelle: https://www.justetf.com/de/etf-lists.html

ETFs gegliedert nach Branchen

Bei den ETFs lässt sich auch auf vereinzelte Branchen setzen. Die Industrie- und Technologiebranchen erleben einen wahren Boom. Es gibt jedoch noch andere interessante Branchen, in die mittels ETFs investiert werden kann.

Alle Branchen-ETFs, Agribusiness-ETFs, Automobil-ETFs, Basiskonsumgüter-ETFs, Einzelhandel-ETFs, Energie-ETFs, Finanzdienstleistungen-ETFs, Gesundheitswesen-ETFs, Grundstoffe-ETFs, Industrie-ETFs, Infrastruktur-ETFs, Medien-ETFs, Nicht-Basiskonsumgüter-ETFs, Reise & Freizeit-ETFs, Sektoren-Strategie-ETFs, Technologie-ETFs, Telekommunikation-ETFs, Versicherung-ETFs, Versorger-ETFs

Quelle: https://www.justetf.com/de/etf-lists.html

ETFs kategorisiert in Länder und Regionen

ETFs aus bestimmten Ländern und Regionen ermöglichen Ihnen auch Zugang zu Märkten, die für gewöhnlich nur schwer zugänglich sind. Zudem ermöglichen Ihnen diese Art von ETFs eine breitere Diversifikation, da Sie in unterschiedliche Branchen, Themen und bei Regionen-ETFs auch in unterschiedliche Länder investieren.

Portfolio aufbauen: Auf der Suche nach dem richtigen ETF

Im ersten Schritt bei Ihrem Portfolioaufbau müssen Sie sich über die Asset Allocation, also die Aufteilung Ihres Geldes in unterschiedliche Anlageklassen, im Klaren werden. Überlegen Sie sich, wie Sie Ihr Portfolio aufbauen möchten. Danach informieren Sie sich über Indizes und überlegen sich, welche Assetklasse Sie mit welchem Index am besten abbilden können. Danach suchen Sie sich für die entsprechenden Indizes einen passenden ETF heraus. Eine sehr gute Entscheidung ist es, wenn Sie sich einen ETF aussuchen, der den Weltindex abbildet. Eine gute Webseite, auf der Sie viele Informationen über die unterschiedlichen Arten und Typen von ETFs finden ist *justETF.com*.

Auf der Webseite *justETF.com* werden unter der ETF-Suche zahlreiche ETFs angezeigt. Diese können Sie auch nach den jeweiligen Assetklassen filtern. So können Sie auch nach den jeweiligen Indizes sortieren. Dadurch werden Ihnen auf Anhieb jene ETFs angezeigt, die den von Ihnen gewünschten Index abbilden. Dabei können Sie auch einzelne Faktoren wie die Kosten, das Fondsvolumen oder die Performance auf einen Blick miteinander vergleichen. Zusätzlich steht Ihnen hierbei das jeweilige Factsheet zur Verfügung sowie Filteroptionen, worauf Sie sehen, bei welchen Brokern ein Sparplan bespart werden kann. Je nach Präferenz können Sie sich für einen ausschüttenden oder thesaurierenden Fonds entscheiden.

Wichtig dabei ist, wie bereits mehrfach erwähnt, dass Sie Ihre Asset Allocation im Blick behalten und Ihr Portfolio dahingehend diversifizieren, damit Ihr Risiko minimiert wird.

Die beliebtesten Indizes und ETFs in Deutschland

Wenig überraschend ist, dass der beliebteste Index der MSCI World ist. Ablesen lässt sich dies am Handelsvolumen. Somit sind jene ETFs, die den MSCI World Index abbilden, besonders begehrt unter Investoren. An zweiter Stelle kommt der Deutsche Aktienindex (DAX), gefolgt vom EURO STOXX 50. Ein weiterer sehr beliebter Index ist der Nasdaq 100, der technologiebasierte Unternehmen aus den USA abbildet.

Interessant wird es, wenn man sich mit der Langfristigkeit der Investitionen beschäftigt, denn hierbei liegt der MSCI World nach wie vor auf Platz 1. Sprich in den MSCI World wird langfristig investiert. Beim DAX hingegen ergibt sich ein anderes Bild, woraus sich schließen lässt, dass mit dem DAX primär gezockt wird.

Der MSCI World ist nicht ohne Grund bei Investoren beliebt, die auf der Suche nach einer langfristigen Möglichkeit sind, Ihr Geld anzulegen.

Der MSCI WORLD

Der MSCI World ist ein Aktienindex, der die Aktienentwicklung von 23 Industriestaaten abbildet. MSCI steht für *Morgan Stanley Capital International*. Das Unternehmen MSCI ist Herausgeber von mehreren unterschiedlichen Indizes aus verschiedenen Bereichen. Der MSCI World bildet jedoch nicht die gesamte Weltwirtschaft ab, sondern beschränkt sich auf 23 Industrieländer und berücksichtigt dabei nicht die Schwellenländer oder die Frontierländer (Dritte Welt). Diese Länder bildet MSCI jedoch in separaten Indizes, z. B. den MSCI Emerging Markets, ab. Der MSCI World investiert ausschließlich in Large und Mid Caps und lässt Small und Micro Caps außen vor. Das jeweilige Kürzel „Cap“ steht für Marktkapitalisierung, da die Unternehmensgrößen nach der Marktkapitalisierung kategorisiert werden. Der MSCI World bildet rund 90 % der gesamten weltweiten Marktkapitalisierung ab und ist deshalb auch bei Investoren sehr beliebt.

Es ist von der Marktkapitalisierung der Länder abhängig, in welche Länder und zu welchem Prozentsatz der MSCI World investiert. Die Marktkapitalisierung eines einzelnen Landes ergibt sich aus der Summe aller Marktkapitalisierungen, der an der Börse gehandelten Unternehmen in diesem Land. Das am stärksten im MSCI World vertretene Land sind die Vereinigten Staaten (USA) mit rund 60 %. Diese Werte ändern sich laufend und sind davon abhängig, wie sich die jeweiligen Aktienmärkte in den einzelnen Ländern entwickeln. Hat sich in einem Land der Aktienmarkt besser entwickelt als in einem anderen, steigt die Marktkapitalisierung. Mit steigender Marktkapitalisierung steigt damit auch die Gewichtung, die dieses Land im MSCI World erhält. Die USA hat mit Abstand die größte Marktkapitalisierung weltweit, woraus sich die überwiegende Gewichtung im MSCI World ergibt.

Bei der Auswahl, in welche Aktien genau investiert werden soll, orientiert sich MSCI meist ebenfalls an der Marktkapitalisierung. Das Ziel ist es, die Marktkapitalisierung eines Landes zu circa 85 % zu vertreten. Das bedeutet es werden Unternehmen eines Landes gekauft, bis 85 % der Länder-Marktkapitalisierung erreicht sind. Dadurch sind ca. 1600 Unternehmen im MSCI World abgebildet. Es wird jedoch, wie bereits erwähnt, nur in Large und Mid Caps investiert. Die Trennlinie zieht MSCI bei 70 %, welche als Large Caps definiert werden, die 15 % danach folgenden als Mid Caps und die verbleibenden 15 % als Small Caps. Daraus ergeben sich die 85 % Marktkapitalisierung, da der MSCI World Small Caps nicht berücksichtigt. Ein weiterer Faktor neben der Marktkapitalisierung, der bei der Auswahl der Aktien eine Rolle spielt, ist die Liquidität bzw. Verfügbarkeit. MSCI schaut sich dabei an, wie verfügbar eine Aktie auf dem Markt ist. Wird diese kaum oder so gut wie nicht gehandelt, kommt sie auch nicht in den Index, da es schwierig wird, diesen nachzubilden.

Die Indexperformance lässt sich durch die Performance-, Brutto- und Netto-Methode messen. Die Performance-Methode berücksichtigt ausschließlich die Kursentwicklungen der einzelnen Aktien. Dividenden werden hierbei nicht weiter berücksichtigt. Anders verhält es sich bei der Bruttomethode. Hierbei werden die Kursentwicklungen ebenfalls berücksichtigt, hinzugerechnet werden jedoch auch die Dividenden. Nach der Bruttomethode ist dadurch die Wertentwicklung immer höher als nach der Performance-Methode. Bei der Nettomethode werden ebenfalls die Kursentwicklungen und die Dividenden berücksichtigt, davon abgezogen werden von den Dividenden jedoch die Quellsteuern. Die Nettomethode ist daher jene Methode, die für den Investor am repräsentativsten ist.

Einer der größten Vorteile des MSCI Worlds sind die breite Diversifikation bzw. Risikostreuung. Bei Betrachtung der Wertentwicklung wird klar, dass diese mit Schwankungen verbunden ist. Zudem sollten für eine echte, weltweite Abbildung des Marktes zusätzliche ETFs wie der MSCI Emerging Markets hinzugezogen werden.

Wenn Sie einen Blick auf die grafischen Veränderungen des MSCI World Index werfen, wird Ihnen dabei auffallen, dass dieser in den letzten 40 Jahren eine beachtliche jährliche Rendite erzielt hat. Seit 1975 liegt diese im Durchschnitt bei rund 9 %. Das ist eine gute Rendite, bei der man jedoch bedenken sollte, dass es zeitweise zu Kurseinbrüchen von 50 % und mehr gekommen ist.

Index Vergleich: MSCI vs. FTSE

FTSE steht für *Financial Times Stock Exchange*. Bekannt ist hierbei vor allem der FTSE100, der in die 100 größten Unternehmen an der London Stock Exchange investiert. Für England ist das von der Bedeutung und Relevanz gleichzusetzen wie für Deutschland der DAX. Der Herausgeber der FTSE-ETFs ist Teil der London Stock Exchange Group.

Die folgenden Vergleiche werden nachfolgend kurz erläutert:

MSCI World vs. FTSE Developed World

MSCI Emerging Markets vs. FTSE Emerging Markets

MSCI All Countries World Index vs. FTSE All World

Langfristig gesehen, gibt es keinen Unterschied in der Performance zwischen FTSE- und MSCI-ETFs. Der Grund dafür ist die breite und diversifizierte Investition in unterschiedliche Unternehmen auf der ganzen Welt. Beide ETFs haben mit Apple, Microsoft, Amazon, Johnson & Johnson sowie JP Morgan Chase die gleichen Unternehmen am stärksten gewichtet.

Ein Unterschied besteht hingegen in der Länderverteilung. Hier gibt es zwischen den Ländern unterschiedliche Gewichtungen. Das betrifft insbesondere die Emerging-Markets-ETFs. Hierbei liegt beim MSCI EM rein von der Gewichtung betrachtet an zweiter Stelle Südkorea. Wohingegen der FTSE EM in Südkorea gar nicht investiert. Südkorea ist hingegen in einem anderen FTSE enthalten, deshalb sollten Sie es vermeiden, in verschiedene ETFs aus unterschiedlichen Anbietern zu investieren. Einen weiteren Unterschied gibt es bei der Marktkapitalisierung. Hierbei investiert MSCI in den jeweiligen Ländern in jene Aktien, die 85 % der Marktkapitalisierung ausmachen. Bei FTSE hingegen werden in 90 % der Marktkapitalisierung investiert. Dadurch könnte man sagen, dass der FTSE breiter diversifiziert ist.

ETF-Sparplan

Beim Investieren mittels eines sogenannten ETF-Sparplans werden automatisiert regelmäßig Anteile eines oder mehrerer ETFs zu einer festen Sparrate gekauft. Dazu wählen Sie den/die gewünschten ETF(s) über Ihren Broker aus und erteilen ihm eine Einzugsermächtigung. Dieser bucht dann über einen Dauerauftrag in von Ihnen festgelegten Intervallen das Geld automatisch von Ihrem Konto ab und legt es in den oder die gewünschten ETF(s) an. Die Besparung ist dabei bereits ab einem kleinen Betrag von 25 EUR möglich. Anleger können jederzeit sowohl den Betrag anpassen als auch die Anlage pausieren oder die ETFs in ihrem Depot verkaufen. Ein wesentlicher Vorteil des Sparplans gegenüber einer Einmalinvestition, bei der Sie einen größeren Betrag auf einmal investieren, ist der sogenannte Cost-Average-Effekt, auf den wir später noch genauer eingehen werden. Ein weiterer Vorteil liegt darin, dass die konstanten Investitionen ihnen viel Arbeit und Zeit abnehmen, da das Ganze einmal eingerichtet automatisch läuft, ohne dass sie daran denken müssen. Grundsätzlich ist ein ETF-Sparplan immer dann sinnvoll, wenn Sie langfristig Vermögen aufbauen und für die Zukunft vorsorgen möchten.

ETF für Fortgeschrittene: Faktor-Investieren

Beim Faktor-Investieren handelt es sich um ein interessantes Konzept, mit dem Sie eine höhere Rendite erzielen können. Die alternative Bezeichnung für Faktor-Investieren ist Smart-Beta-Investieren. Auch am Kapitalmarkt wird geforscht, ein Forschungsfeld davon beschäftigt sich mit den Faktorenprämien. Dabei sollen die jeweiligen Faktoren herausgefunden werden, welche tatsächlich für Risiko und Rendite verantwortlich sind. Wenn solche Faktoren zur Verfügung stehen, können Rendite und Risiko gesteuert werden. Typische Faktorprämien sind der

Small-Cap-Faktor oder Value-Aktien. Faktor-Investieren wird es dann genannt, wenn Sie die gewissen Faktoren im Vergleich zu einem Weltportfolio stärker gewichten. Damit Sie sich das leichter vorstellen können, schauen wir uns den Schwellenland-Faktor näher an. In der Vergangenheit haben Schwellenländer höhere Renditen erzielt als Industriestaaten. Derzeit machen Schwellenländer in der gesamten Marktkapitalisierung der Welt rund 10 % aus. Wenn Sie in Ihrem Portfolio mehr als nur zu 10 % in Emerging Markets investieren, haben Sie ein Faktor-Portfolio. Es geht darum, jene Eigenschaften herauszufinden, die das Risiko- und Rendite-Verhältnis verändern. Es gibt auch Fake-Faktoren, die keine Faktorprämien sind und von der Wissenschaft verworfen wurden. Ein Beispiel dafür wären Branchenfaktoren. Es gibt nachweislich keinen Beweis dafür, dass auf lange Sicht gewisse Branchen eine höhere Rendite erzielen als andere. Faktor-ETFs sind in der Regel teurer als normale ETFs. Bei einem Faktorportfolio ist eine Mehrrendite zwischen 1 und 1,5 % pro Jahr möglich.

Beta wird in der Finanzwelt die Rendite genannt, wohingegen Alpha die Überrendite darstellt. Da man mit Faktorenprämien versucht, smarter vorzugehen, ergibt sich daraus der Begriff Smart-Beta. Beim Multifaktor-Investieren werden mehrere Faktoren miteinander verbunden. Es hat durchaus Sinn, mehrere Faktoren miteinander zu kombinieren.

Wichtige Faktorprämien:

Small-Cap-Faktor: Das steht für kleine Marktkapitalisierung. Kleine Unternehmen haben auf längere Sicht Renditevorteile gegenüber größeren Unternehmen.

Value-Effekt: Langfristiger, statistisch belegter Renditevorteil. Value-Aktien haben relativ gesehen einen günstigen Aktienkurs im Verhältnis zu gewissen betriebswirtschaftlichen Kennzahlen. Value-Aktien sind Aktien mit niedrigerer Bewertung. Die Wissenschaft kommt zu dem Ergebnis, dass Value-Aktien renditemäßig besser abschneiden.

Political-Risk-Prämie: Dabei wird ein erhöhtes Länderrisiko für politische Instabilität ausgeglichen.

High Yield: Unternehmen, die eine hohe Dividendenrendite erzielen.

Quality-Prämie: Aktien von gewinnstarken Unternehmen bzw. jenen Unternehmen, die bei gewissen betriebswirtschaftlichen Kennzahlen besonders gut liegen.

Low Volatility: Aktien mit Schwankungen unter dem Durchschnitt.

Momentum-Prämie: Dabei ist die Dynamik einer Aktie gemeint, bei der sich der Kurs besser entwickelt als der gesamte Markt. Die Abbildung ist hierbei jedoch sehr kostenintensiv.

Diese Fehler sollten Sie bei der Investition in ETFs vermeiden!

Für denjenigen, der sich ein weltweit gestreutes Aktienportfolio aufbauen und langfristig eine positive Rendite erzielen möchte, sind ETFs eine perfekte Investitionsmöglichkeit. Es existieren jedoch einige Fehlerquellen, die im Folgenden aufgelistet werden.

In ETFs investieren trotz aktiver Anlagestrategie

Wer in ETFs investiert, verfolgt in der Regel eine passive Anlagestrategie. Denn ein ETF ist ein passives Anlageprodukt. Er folgt einem Index, um genau in die Positionen zu investieren, die in diesem Index enthalten sind. Dennoch gibt es viele Investoren, die ETFs dafür nutzen, um aktiv zu handeln. Wenn Sie sich jedoch dafür entschieden haben, passiv in ein breit gestreutes und weltweites Portfolio zu investieren, sollten Sie nicht mit ETFs traden – sprich diese nur kurzfristig kaufen oder verkaufen. Stattdessen ist es sinnvoll, dass Sie dabei stets die Buy-&-Hold-Strategie verfolgen, das bedeutet Sie investieren in einen ETF und halten diesen langfristig in Ihrem Portfolio.

Häufiges Wechseln zwischen mehreren ETFs

Viele Online-Broker veröffentlichen eine Liste mit ETFs, die zeitweise kostenlos mittels eines Sparplans bespart werden können. Dabei handelt es sich meist um Marketingaktionen, die nach einiger Zeit wieder auslaufen. Stattdessen kommen neue ETFs auf den Markt, die mit geringeren Kosten und Gebühren verbunden und auf aktuelle Markttrends abgestimmt sind. Der ETF-Markt wächst, das führt auch dazu, dass laufend attraktivere ETFs auf den Markt kommen. Da ist es schnell verlockend, seine bisherige Anlagestrategie über Bord zu werfen und einen neuen ETF auszuwählen. Es werden jedoch auch bestehende ETFs laufend weiterentwickelt. Es hat daher selten Sinn, zwischen ETFs hin- und her zu springen, da Ihr Portfolio dadurch unübersichtlicher wird und der Übertrag mit Kosten verbunden ist.

Konzeptlos in ETFs investieren

Die Branche boomt und es werden wiederholt innovative ETFs auf den Markt gebracht. Dabei sind vermehrt ausgefallenere Produkte dabei oder Branchen, von denen nur wenige wirklich Ahnung haben. Wichtig ist dabei, dass Sie nicht blind in einen dieser ETFs investieren. Hier gilt, genauso wie beim allgemeinen Investieren, dass Sie nur in Produkte anlegen sollten, die Sie selbst verstehen.

Investitionsüberschneidungen in einzelnen ETFs

Sie sollten es unterlassen, durch die Investition in mehrere ETFs mehrmals in die gleichen Unternehmen zu investieren, um eine Übergewichtung bestimmter Unternehmen zu umgehen. Deshalb sollten Sie wissen, worin die jeweiligen ETFs investieren, um zu vermeiden, dass die gleichen Unternehmen mehrmals in Ihrem Portfolio enthalten sind.

Zu viel Fokus auf die laufenden Kosten und die Fondswährung

Es spielt keine Rolle, in welcher Währung der jeweilige ETF angezeigt wird. Denn ausschlaggebend ist, wo Sie Ihr Depot haben. Es wird ohnehin jegliche Währung in Ihre Depotwährung umgetauscht und angepasst. In der Vergangenheit war es nicht unüblich, dass die Kosten bei den Finanzprodukten sehr hoch waren. Es war oftmals schwierig, diese Kosten durch eine gute Rendite auszugleichen. Insbesondere bei aktiv gemanagten Investmentfonds ist dies häufig der Fall. ETFs sind hingegen sehr günstig, deshalb sollten Sie gerade bei ETFs nicht nur auf die Kosten achten und den Günstigsten suchen, sondern auch andere Merkmale miteinbeziehen wie zum Beispiel ein möglichst großes Fondsvolumen.

Wann Sie nicht in ETFs investieren sollten

Fehlendes oder unzureichendes Wissen über ETFs

Der Grundsatz beim Investieren heißt nicht ohne Grund, dass Sie nur in etwas investieren sollten, das Sie auch verstehen. Dazu gehört das grundsätzliche Verständnis der Theorie eines ETFs, sprich was ist ein ETF, wie funktioniert ein ETF, wodurch entstehen Kurse bzw. wodurch werden diese beeinflusst. Dieses Wissen lässt sich einfach nachholen. Sie haben bereits den Vorteil, dass Sie diesen Ratgeber lesen und dadurch ein Verständnis und Rundumwissen für ETFs erhalten.

Unzureichendes Kapital umgehen durch Aufnahme von Darlehen

Ein weiterer Grundsatz beim Investieren ist, dass Sie dafür niemals Schulden eingehen dürfen. Auch wenn die Zinsen im Moment lukrativ sind und langfristig gesehen die Rendite bei ETFs höher sein wird als die Zinsen eines Darlehens, sollten Sie nur mit Ihrem eigenen Kapital in einen ETF investieren. Die Rendite bei ETFs ist grundsätzlich nicht fix und dadurch auch nicht sicher. Langfristig gesehen, sind diese positiv – aber niemand kann Ihnen die Garantie dafür geben, dass dies in den nächsten Jahren der Fall sein wird. So kann es auch dazu kommen, dass sich Ihre Investition in den kommenden Jahren negativ entwickelt.

Noch nicht genügend vorhandene Eigenmittel

Neben der Tatsache, dass Sie keine offenen Verbindlichkeiten haben sollten, wenn Sie in ETFs investieren, gibt es noch den Grundsatz, immer genügend Eigenmittel auf der Seite zu haben. Es können immer unvorhersehbare Notfälle eintreten, aufgrund derer Sie unerwartet einen höheren Geldbetrag benötigen. Das kann bereits die Waschmaschine sein, die kaputtgeht oder das Auto, das plötzlich neue Reifen benötigt. Daher ist es sinnvoll, dass Sie mindestens drei Monatsgehälter gespart haben, bevor Sie anfangen, Ihr Kapital zu investieren.

Zu kurzer Anlagezeitraum

Wenn Sie nur bereit sind, für einige wenige Jahre einen Teil Ihres Kapitals in ETFs zu investieren, sollten Sie Ihr Vorhaben noch einmal überdenken. Bei der Anlage in einen ETF sollte ihr Anlagezeitraum höher als fünf Jahre sein. Da es immer wieder zu Kursschwankungen kommen kann und sich diese Kursschwankungen unter Umständen über mehrere Jahre ziehen können, wäre es nicht ratsam, wenn Sie beispielsweise eine Investition für lediglich drei Jahre planen. Denn dann kann es passieren, dass Sie Kapital verlieren und mit Verlusten aussteigen, wenn Sie nach drei Jahren gezwungen sind, Ihren ETF zu verkaufen. Erst auf längere Sicht, ab ca. 10 Jahren und darüber hinaus, ist die Wahrscheinlichkeit für langfristige, negative Renditen relativ gering.

Indirekte Investition in ETFs

Die Nachfrage nach ETFs steigt und bringt auch Versicherungen auf neue Ideen. So gibt es immer mehr Anbieter, die nur scheinbar einen ETF verkaufen z. B. in Form einer fondsgebundenen Lebensversicherung. Diese Produkte sind in der Regel meist mit höheren Gebühren verbunden und entsprechen daher nicht dem klassischen ETF, der sich dadurch von anderen Produkten abhebt, dass keine hohen Gebühren anfallen.

Das Vorhaben, in naher Zukunft ein Eigenheim zu kaufen

Wer vorhat, ein Eigenheim zu bauen oder zu kaufen und dies über eine Bank finanzieren möchte, muss zwangsläufig eine gewisse Höhe an Eigenmitteln aufbringen. Daher ist es ratsam, dass Sie nicht Ihre kompletten Ersparnisse in ETFs investieren, sondern zumindest aufteilen, um auch einen Anteil an liquiden Mitteln anzusparen. Das Kapital, das für die Investition in Ihr Eigenheim geplant ist, sollten Sie auf keinen Fall in einen ETF investieren.

Zu wenig Coolness bei Kurseinbrüchen

Sie investieren ein paar Tausend Euro in ETFs und werden nervös, wenn Sie in Ihrem Depot beobachten, dass es zu kleineren Kurseinbrüchen gekommen ist? Dann ist es besser, wenn Sie nicht in einen ETF investieren. Kursschwankungen kommen vor, darauf müssen Sie sich beim Investieren in einen ETF einstellen. Sie müssen sich darüber im Klaren sein, dass Rendite und Risiko unweigerlich zusammenhängen. Nur wer bereit ist, ein gewisses Risiko einzugehen, hat die Chance auf echte Renditen.

Falsche Anlagestrategie

Wenn Sie das Ziel verfolgen, in kurzer Zeit mit hohen Spekulationen große Gewinne abzusahnen, ist ein ETF nicht das geeignete Anlageprodukt für Ihr Vorhaben. Bevor Sie in einen ETF investieren, sollten Sie Ihre persönlichen Ziele genau definieren. Denn wer in einen ETF investiert, verfolgt in der Regel das Ziel, langfristig und passiv zu investieren.

ETF und Steuern in Deutschland: Basiswissen

Grundsätzlich läuft das Thema Steuern bei ETFs komplett automatisiert ab. Ihr Broker behält die fälligen Steuern direkt ein. Im Allgemeinen ist es empfehlenswert, beim Thema Steuern immer einen Steuerberater hinzuzuziehen. Es hat jedoch Sinn, sich selbst ein gewisses Basiswissen aufzubauen, um ein Grundverständnis für die Thematik zu erhalten. Wichtig für Sie zu wissen ist hierbei, dass sich steuerliche Regelungen laufend verändern. Es ist deshalb sinnvoll, das Internet als aktuelle Quelle heranzuziehen, gerade wenn es um bestimmte Prozentsätze oder Beträge geht.

Welche Steuern fallen bei ETFs an?

Steuern fallen bei der Investition immer dann an, wenn Sie Gewinne – sprich Kapitalerträge – erzielen. Zu den Kapitalerträgen zählen Dividenden, Zinsen und realisierte Kursgewinne. Bei diesen Kapitalerträgen werden dann die Kapitalertragssteuern fällig. Die Kapitalertragssteuer beträgt in Deutschland 25 % plus den Solidaritätszuschlag (SOLI), woraus sich in der Summe dann ein Kapitalertragssteuersatz in Höhe von 26,375 % ergibt. In einigen Fällen muss zusätzlich die Kirchensteuer berücksichtigt werden.

Bevor Sie überhaupt verpflichtet werden, die Kapitalertragssteuern zu bezahlen, kommt der Sparerpauschbetrag zur Anwendung. Dabei handelt es sich um einen Freibetrag (Pauschbetrag), der nicht besteuert wird und den Sie jedes Jahr für Ihre Kapitalerträge nutzen können. Für eine Einzelperson beträgt dieser 801 EUR, bei einem verheirateten Paar in der Summe 1602 EUR. Erst wenn Sie über diesen Betrag hinauskommen, müssen Steuern gezahlt werden. Dafür ist es wichtig, dass Sie einen Freistellungsauftrag bei Ihrem Broker einrichten. Wenn Sie diesen nämlich nicht bei Ihrer Depotbank einreichen, weiß diese nicht, dass Sie diesen Betrag noch frei haben und wird den Freibetrag bei Ihren Kapitalerträgen auch nicht berücksichtigen. Daher würde die Depotbank die Steuern einbehalten und Sie könnten diese nur mittels einer Steuererklärung wieder zurückerhalten. Das ist jedoch mit zusätzlichem Aufwand verbunden und Sie verlieren für eine gewisse Zeit auch Ihre Liquidität.

Wichtig ist das Zuflussprinzip. Das besagt, dass Sie in der Regel dann Steuern zahlen müssen, wenn die Kapitalerträge aktiv fließen. Die Rendite lässt sich somit nicht auf mehrere Jahre verteilen, um den Freibetrag aufzuteilen. Eine Ausnahme ist die Vorabbesteuerung bei thesaurierenden ETFs.

Sie können jedoch den Freibetrag in Höhe von 801 EUR auf mehrere Banken aufteilen, falls Sie das möchten.

Die Kapitalertragssteuer ist eine Quellsteuer, dadurch müssen Sie sich nicht selbst um die Versteuerung kümmern. Die Depotbank behält die Steuer von den Kapitalerträgen ein und überweist diese direkt an das Finanzamt.

Die Kapitalertragssteuer ist ein pauschaler Steuersatz, der unabhängig von der Höhe Ihrer Rendite prozentual immer gleich bleibt. Es handelt sich deshalb um keine progressive Besteuerung. Für jene, die sehr gut verdienen und im Normalfall bei der Einkommensteuer deutlich höhere Steuern bezahlen müssen, stellt dies einen guten Deal dar. Bei Geringverdienern hingegen, die normalerweise unter einen Steuersatz von 25 % fallen, ist dies nicht der Fall. Sie müssten für Kapitalerträge höhere Steuern bezahlen als für ihr normales Einkommen. Für diesen Fall gibt es die Nicht-Veranlagungsbescheinigung (NV-Bescheinigung). Diese kann direkt beim Finanzamt angefragt werden, wenn der eigene Grenzsteuersatz unterhalb der Kapitalertragssteuer liegt, sprich unter 25 %. Falls dieser Fall eintritt, fällt die Kapitalertragssteuer komplett weg.

Um die Besteuerung bei ausschüttenden und thesaurierenden Fonds gleichzustellen, wurde die Vorabpauschale ins Leben gerufen. In der Vergangenheit gab es einen Steuerstundungsvorteil bei thesaurierenden ETFs, wodurch die Steuer erst beim Verkauf des ETFs anfiel. Dadurch verblieb automatisch mehr Kapital im Fonds, mit dem „gearbeitet“ werden konnte. Dies stellte einen echten Vorteil bei thesaurierenden Fonds dar. Der Steuerstundungsvorteil wurde nun durch die Vorabpauschale ersetzt. Nun fallen bereits während der Laufzeit Pauschalen beim thesaurierenden Fonds an. Diese werden automatisch vom Konto abgebucht. Diese Vorabpauschalen sind jedoch in der Regel sehr niedrig und können mit dem Sparerpauschbetrag verrechnet werden. Um die Vorabpauschale zu berechnen, existieren spezielle Rechner im Internet. Verglichen wird, wie viel der Fonds zu Jahresanfang und Jahresende wert war. Bei einem Wertverlust fällt natürlich keine Steuer an.

In der Vergangenheit war deshalb ein thesaurierender Fonds steuerlich gesehen attraktiver als ein ausschüttender Fonds. Durch die Vorabpauschale hat sich dies jedoch geändert. Aus diesem Grund hat es bei einem investierten Kapital bis zu einer Grenze von 25.000 EUR mehr Sinn, auf ausschüttende Fonds zu setzen. Denn hierbei fallen jedes Jahr Ausschüttungen an, welche Sie unmittelbar mit Ihrem Sparerpauschbetrag gegenrechnen können. Wenn Sie diesen Betrag anschließend wieder anlegen, haben Sie steuerfreies Kapital, welches für Sie arbeiten kann. Dabei sollten Sie jedoch beachten, dass möglichst keine Kosten dafür anfallen sollten. Falls Ihr investiertes Kapital über 25.000 EUR liegt, kann es passieren, dass Ihre Ausschüttungen den Pauschbetrag übersteigen. In diesem Fall ist es sinnvoll, in einen thesaurierenden Fonds zu investieren, da Sie hierbei nach wie vor von einem kleinen Steuerstundungseffekt profitieren.

Falls Sie sich in einer Partnerschaft befinden, stellt sich Ihnen möglicherweise die Frage, ob es aus steuerlicher Sicht sinnvoller ist, ein gemeinsames Depot zu eröffnen. Aus steuerlicher Sicht ist es jedoch besser, wenn jeder für sich ein eigenes Depot eröffnet. Dies hängt mit der Schenkungssteuer zusammen. Als Ehepaar haben Sie einen Schenkungsfreibetrag in Höhe von 500.000 EUR in 10 Jahren. Als unverheiratetes Paar beträgt der Schenkungsfreibetrag 20.000 EUR in 10 Jahren. Jede Überweisung auf das Gemeinschaftsdepot kann als sogenannte Schenkung angesehen werden, wenn nicht das Gegenteil bewiesen werden kann. Um dieser potenziellen Schenkungssteuer zu entgehen, sollte deshalb jeder für sich ein Depot eröffnen. Falls ein Partner das Depot des anderen managen möchte, könnte man dies über eine Vollmachtserklärung regeln. Der gleiche Ansatz lässt sich auch auf das Thema Girokonto anwenden. Empfehlenswert ist es auch hierbei, wenn jeder für sich ein eigenes Girokonto anlegt.

Eine Steuererklärung ist grundsätzlich nicht verpflichtend. Wenn Sie Ihr Kapital in Deutschland bei einem Broker in ETFs anlegen und Sie Ihre Freistellungsaufträge korrekt gestellt haben, müssen Sie nicht zwangsläufig eine Steuererklärung durchführen. Die Steuererklärung ist nur nötig, wenn Sie Erträge erzielt haben, welche in Deutschland noch nicht versteuert wurden. Das wäre z. B. der Fall, wenn Sie ein Depot im Ausland haben und somit im Ausland Erträge erwirtschaften. In diesem Zusammenhang müsste die KAP-Anlage der Steuererklärung ausgefüllt werden.

Im folgenden Kapitel werden weitere Grundbegriffe erläutert, die für eine erfolgreiche Investition Ihres Geldes relevant sind.

Allgemeine Finanz-Tipps

So banal es auf dem ersten Blick klingen mag, umso wichtiger ist es, dass Sie diese Tipps beherzigen. Sie sollen Ihnen dabei helfen, ein hohes Kapital aufzubauen, um dieses gut investieren zu können.

Machen Sie sich klar, was Sie im und vom Leben möchten

Sich nach dem Abitur oder nach Abschluss des Studiums oder der Ausbildung eine Auszeit zu gönnen, ist durchaus legitim. Aber Sie sollten immer den Fokus nach vorne richten und ein Ziel vor Augen haben. Sich blind in ein Studium zu stürzen, ohne wirklich zu wissen, was man beruflich im Leben erreichen möchte, ist riskant. Sie sollten sich über Ihre persönlichen Stärken und Schwächen klar werden und herausfinden, was Ihnen Spaß macht. Denn eine Ausbildung kostet Geld – und vor allem kostet es Sie entgangene Einnahmen, die Sie durch einen Job bekommen hätten. Fokussieren Sie sich darauf, was Sie machen und im Leben erreichen möchten. Probieren Sie sich daher nicht zu lange aus und trödeln Sie nicht bei Ihrer Ausbildung, denn je schneller Sie an Kapital kommen, welches Sie investieren können, desto besser.

Fokus auf Humankapital legen

Ihr Humankapital besteht aus Ihren persönlichen Qualifikationen, aus denen sich Ihr Wert am Arbeitsmarkt ergibt. Dabei geht es nicht nur um Ihre Ausbildungen wie Schule oder Studium, sondern auch darum, was Sie im Beruf lernen. Sie profitieren von wertvoller Berufserfahrung, durch die Ihr Humankapital wiederum steigt. Je höher Ihr Humankapital ist, desto besser können Sie im Beruf verdienen und somit auch Kapital ansparen.

Häufen Sie keine Konsumschulden ***an***

Immer mehr Menschen geraten in die Schuldenfalle und geben mehr Geld für Konsum aus als Sie im Monat verdienen. Wenn Sie sparen und Kapital investieren möchten, sollten Sie Konsumschulden strikt vermeiden. Machen Sie sich klar, ob Sie diese Sachen wirklich benötigen und verschulden Sie sich dafür nicht. Orientieren Sie sich dabei auch nicht an Ihrem Umfeld, falls diese regelmäßig Schulden anhäufen. Denn das kann sich auch in Ihrer Schufa und damit in Ihrer Bonität negativ auswirken.

Werden Sie nicht schwach bei Konsumentscheidungen

Gerade wer jahrelang als Student gelebt hat und nun frisch ins Berufsleben startet, neigt gerne dazu, sich Wünsche vom Gehalt zu erfüllen. Gegen eine Belohnung spricht grundsätzlich auch nichts, aber vergessen Sie nicht, dass so etwas schnell zur Gewohnheit werden kann. Sie sollten sich grundsätzlich immer Gedanken darüber machen, ob Sie die jeweilige Sache wirklich benötigen oder unbedingt möchten. Denn falsche Konsumentscheidungen kosten meist unnötig Geld.

Passen Sie nicht Ihren Lebensstil an Ihr höheres Einkommen an

Sie sind im Job befördert worden und haben eine Gehaltserhöhung erhalten? Herzlichen Glückwunsch dazu, so etwas ist ein großartiges Gefühl. Nach all den Mühen und Überstunden spricht nichts dagegen, sich einmal etwas zu gönnen. Ein langersehnter Wunsch oder ein teures Essen – aber das sollte nicht zur Gewohnheit werden. Mit einem höheren Einkommen haben Sie jetzt die ultimative Chance, Ihre Sparquote zu erhöhen. Jetzt heißt es nur, nicht schwach zu werden und das ganze Geld gleich wieder auszugeben. Benötigen Sie wirklich eine größere Wohnung oder einen geleasten Luxuswagen? Manchmal ist es gar nicht so schlecht, wie ein Student weiterzuleben, um eine hohe Sparquote zu erreichen. Bleiben Sie am Ball und fokussieren Sie sich auf Ihre Ziele.

Fokussieren Sie sich auf ein hohes Einkommen

Wenn Sie Ihr Humankapital erst einmal aufgebaut haben, ist das Ihr größter Hebel. Durch die Investition in Sie selbst stehen Ihnen viele Türen offen. Je mehr Fähigkeiten Sie besitzen, desto mehr berufliche Möglichkeiten haben Sie. Das sollte sich im Idealfall auf Ihr Einkommen auswirken. Legen Sie den Fokus auf Ihre Einnahmen, denn je höher Ihre Einkommensseite ist, desto mehr wird langfristig auch Ihre Sparquote steigen – vorausgesetzt Sie passen Ihren Lebensstil nicht an Ihr Einkommen an.

Vergessen Sie nicht Ihre Versicherungen

Eine Berufsunfähigkeitsversicherung ist so lange für Sie wichtig, bis Sie genug Geld auf der Seite haben, um theoretisch finanziell unabhängig zu sein. Gerade in jungen Jahren sollten Sie diese abschließen, da hier die Prämie am geringsten ausfällt. Auch eine Haftpflichtversicherung sollte Teil Ihrer Fixkosten sein. Idealerweise lassen Sie sich im Zuge eines Gespräches zum Thema Versicherungen genauer beraten, um die für Sie idealen Produkte zu finden.

Werden Sie sich über Ihre Träume und Ziele im Klaren

Wenn man junge Erwachsene nach Ihren Träumen und Zielen befragt, werden viele mit dem Hausbau bzw. Traum vom Eigentum antworten. Machen Sie sich Ihre persönlichen Ziele klar, und halten Sie sich diese vor Augen. Ein konkretes Ziel erleichtert es Ihnen einerseits, dass Sie fokussierter bleiben und nicht der Gefahr ausgesetzt sind, vom Weg abzukommen. Andererseits ist es für Ihren Vermögensaufbau bzw. für die Investition in Wertpapiere wichtig zu wissen, ob und wenn ja wann Sie einen Eigentumskauf vorhaben. Denn das Kapital, dass Sie für einen Kredit in Form von Eigenkapital zur Verfügung haben müssen, sollten Sie nicht in Wertpapiere investieren, da hierbei das Risiko, ohne langfristigen Anlagehorizont mit Verlusten auszusteigen, zu groß ist. Ein weiterer Punkt, den Sie in Ihrer finanziellen Planung berücksichtigen sollten, ist das Thema Kinder. Dass Kinder Geld kosten, ist nicht neu. Idealerweise gelingt es Ihnen sogar, Geld auf die Seite zu legen, um später einmal die Ausbildung für Ihr Kind finanzieren zu können.

Geldreserven

Für unerwartete finanzielle Belastungen ist es von Bedeutung, dass Sie Geldreserven zur Verfügung haben. Das kann der Fall sein, wenn Sie plötzlich Ihren Job verlieren oder andere unerwartete Investitionen anfallen. Um in so einem Fall nicht aus der Not heraus Wertpapiere zu einem möglicherweise ungünstigen Zeitpunkt verkaufen zu müssen, sollten Sie daher liquide Mittel auf der Seite haben. Sie fragen sich jetzt bestimmt, wie hoch ihr Notgroschen sein sollte und wo bzw. wie Sie diesen am besten aufbewahren können. Oftmals wird behauptet, dass man seinen Notgroschen am besten in einen ETF anlegen sollte. Das ist allerdings keine gute Idee, denn Ihre Geldreserven sollen Ihre Investitionen in Wertpapieren absichern. Der

Notgroschen verhindert genau den Fall, dass Sie auf Ihre Investitionen zurückgreifen müssen. Denn es kann immer wieder passieren, dass der Zeitpunkt ungünstig ist und Sie im schlimmsten Fall unter Verlusten verkaufen müssen. Selbst wenn Sie noch nicht viel Kapital in Wertpapiere investiert haben, schützt Sie Ihr Notgroschen davor, teure Kredite aufnehmen zu müssen oder in den Dispokredit zu rutschen. Denn solche Finanzierungen sind aufgrund hoher Zinsen teuer und mit einem ausreichenden Geldpuffer vermeidbar.

Sie werden merken, sobald Sie Geldreserven auf der Seite haben, werden Sie sich ausgeglichener fühlen. Denn dieser Notgroschen gibt Ihnen innere Ruhe und Sie fühlen sich einfach sicherer. Der Geldpuffer ist im Prinzip wie Ihre persönliche Versicherung. Sie sparen monatlich einen gewissen Betrag auf Ihr Tagesgeld- oder Girokonto ein, um hierauf im Notfall möglichst schnell Zugriff zu haben. Der Nachteil dabei ist, dass Sie so keine Rendite erzielen. Aber das ist bewusst so gewählt, denn darum geht es bei Ihrem Geldpuffer auch gar nicht, da die Rendite ja mit möglichen Verlustrisiken und weniger Flexibilität verbunden ist. Und für die Rendite haben Sie ja Ihr Portfolio – Ihre Geldreserven hingegen sind Ihre Versicherung. Ihr Notgroschen kostet Sie die entgangene Rendite, die Sie bei einer Anlage in Wertpapieren erzielen hätten können. Diese entgangene Rendite ist Ihre Versicherungsprämie. Wie hoch der Notgroschen sein sollte, ist davon abhängig, wie Ihre persönliche Situation aussieht. Deshalb ist es wichtig, dass Sie einen Überblick darüber haben, wie hoch Ihre monatlichen Einnahmen und wie hoch Ihre monatlichen Ausgaben bzw. Fixkosten sind. Dazu ist es für mindestens ein Jahr sinnvoll, Einnahmen und Ausgaben zu tracken, um so wirklich ein Gefühl für die eigenen Finanzen zu bekommen. Es hängt von Ihrem persönlichen Sicherheitsbedürfnis ab, für wie viele Monate Sie mit Ihrem Notgroschen auskommen möchten.

Eine Möglichkeit ist, dass Sie sich zwischen drei und sechs Nettomonatsgehälter auf die Seite sparen. So könnten Sie Ihren Lebensstil für einige Monate genauso weiterführen wie bisher, falls Sie Ihren Job verlieren sollten. Der Vorteil dabei ist, dass Sie hierbei nicht einmal Ihren Gürtel enger schnallen müssen, was sowohl Ihre persönlichen Ausgaben als auch Ihre monatlichen Ansparungen betrifft. Die Frage ist nur, ob der Geldpuffer hierbei nicht sogar ein wenig zu hoch angesetzt ist, denn Sie müssen immer bedenken, dass Ihr Notgroschen durch die entgangene Rendite Geld kostet, wie bei einer Versicherungsprämie. Und bei Ihrer Versicherung möchten Sie ja auch nicht eine zu hohe Versicherungsprämie bezahlen.

Wenn Sie nun einen Überblick darüber haben, wie hoch Ihre monatlichen Ausgaben sind, wäre eine andere Möglichkeit, dass Sie, anstatt zwischen drei und sechs Nettomonatsgehälter, Ihre monatlichen Ausgaben als Geldpuffer auf die Seite sparen. Dadurch müssen Sie weniger Kapital ansparen und haben mehr Geld zur Verfügung, welches Sie investieren können. Das wiederum verringert Ihre entgangene Rendite und damit Ihre Versicherungsprämie. Dabei muss Ihnen jedoch klar sein, dass Sie im Fall eines Jobverlustes Ihre Ausgaben anpassen müssen. Sie können hierbei nicht wie gewohnt weiterleben, sondern müssen gegebenenfalls auf Luxusartikel und Investitionen verzichten sowie Ihre Sparpläne aussetzen.

Was Sie zusätzlich berücksichtigen müssen, sind Leistungen im Falle einer Arbeitslosigkeit wie das Arbeitslosengeld. Im Internet finden Sie dafür Arbeitslosengeld-Rechner, die Ihnen den Betrag berechnen, den Sie im Falle einer Arbeitslosigkeit erhalten würden.

Schnell reich werden

Schnelles Geld ist an der Börse ohne Frage möglich, dies ist jedoch mit einigen Risiken verbunden. Vom Investieren allein werden Sie höchstwahrscheinlich nicht reich werden. Wie Sie dennoch ein Vermögen aufbauen können, erfahren Sie in diesem Abschnitt.

Um durch Investieren reich zu werden, müssten dafür grundsätzlich drei wesentliche Voraussetzungen gegeben sein:

Glück:

Vielleicht kennen Sie selbst jemanden aus Ihrem Umfeld oder Bekanntenkreis, der durch Hebel wie Optionsscheine oder Kryptowährungen reich geworden ist. Diese Geschichten haben meist eines gemeinsam: Der oder die Glückliche hatte eine große Portion Glück. Natürlich ist es möglich, all sein Kapital auf eine Karte bzw. eine Position zu setzen, aber wer sich mit Wahrscheinlichkeiten beschäftigt, wird schnell merken, dass die Chance für einen großen Gewinn eher gering ist. Mit klassischem Investieren hat dies nicht viel zu tun, sondern fällt eher in die Kategorie „Zocken“, wie man es auch aus dem Casino kennt.

Risiko:

Wer am Kapitalmarkt schnell und viel Geld verdienen möchte, muss ein hohes Risiko eingehen und dafür die geeigneten und spekulativen Anlageprodukte wählen. Dabei dürfen Sie niemals vergessen, dass es bei solchen Investitionen auch einige Verlierer gibt. Das können Sie sogar selbst recherchieren und nachlesen, denn CFD-Broker sind gesetzlich dazu verpflichtet, die durchschnittliche Zahl der Privatanleger zu veröffentlichen, die Ihr Kapital durch diese riskante Anlageform verloren haben.

Ausreichendes Kapital*:*

Nicht selten hört man den Spruch: „Wer viel Geld machen möchte, braucht Geld“. Vielleicht sind Sie ja in der glücklichen Position, dass Sie einen großen Betrag geerbt haben, dieser kann Ihnen auf jeden Fall dabei helfen, ein großes Vermögen aufzubauen. Im Schnitt ist am internationalen Kapitalmarkt eine jährliche Rendite von 7 % möglich. Je höher Ihr Kapital ist, desto mehr Rendite können Sie erzielen und umso reicher werden Sie.

Investieren, um reich zu werden, ist unumgänglich, reicht jedoch nicht aus, um reich zu werden. Auf die Rendite haben Sie persönlich keinen Einfluss, diese liegt im Durchschnitt zwischen 6 und 7 % pro Jahr. Das, was der entscheidende Faktor ist, um reich zu werden, ist Ihre persönliche Sparrate. Je mehr Kapital Sie für das Investieren ansparen und je länger Sie dieses investiert lassen, desto mehr Geld können Sie dadurch verdienen. In den ersten Jahren ist vor allem das hohe Kapital wichtig, anschließend profitieren Sie enorm vom Zinseszinseffekt. Sie sollten daher unbedingt auch in sich selbst investieren, um Ihr Einkommen zu steigern und damit auch Ihre Sparquote.

Bank vs. Online-Broker

Sie stellen sich die Frage, ob es immer besser ist, bei einem Online-Broker ein Depot zu eröffnen, oder ob es auch Fälle gibt, in denen es besser ist, direkt bei der Hausbank ein Depot zu eröffnen?

Grundsätzlich werden Sie überall darüber lesen, dass Sie unbedingt bei einem Online-Broker Ihr Depot eröffnen sollten. Wenn man sich die Gebühren und Kosten ansieht und miteinander vergleicht, wird schnell klar: Eine Bank kann da nicht mithalten. Das hat aber auch einige Gründe. Die Bank erhält eine Filialstruktur aufrecht sowie viele Mitarbeitende vor Ort. Da ist es naheliegend, dass diese Kosten indirekt beglichen werden müssen. Die Frage ist, was ist Ihnen persönlich wichtig? Brauchen und möchten Sie direkt eine reale Ansprechperson? Fühlen Sie sich sicher genug, Ihre Investitionen selbst in die Hand zu nehmen oder wünschen Sie sich eine aktive Kundenbetreuung und Beratung? Sie merken, so pauschal lässt sich diese Frage nicht beantworten. Es hängt wieder einmal von Ihnen und Ihren Bedürfnissen ab. Viele Banken haben Ihre eigenen Fonds und sind mit den Produkten bestens vertraut. Wenn Sie jedoch ohnehin mittlerweile alles online erledigen und damit vertraut sind, Transaktionen so durchzuführen und sich außerdem mit dem Thema Investieren schon so gut beschäftigt haben, dass Sie sich sicher fühlen, können Sie ohne Weiteres mittels eines Online-Brokers investieren. Denn Fakt ist, Sie sparen sich damit einiges an Gebühren und Kosten. Ihnen muss dabei jedoch gleichzeitig bewusst sein, dass Sie nur bei einer Bank die Möglichkeit haben, direkt und vor Ort mit jemanden in einer Filiale zu sprechen, falls ein Problem auftreten sollte. Natürlich gibt es auch bei einem Online-Broker eine Kundenbetreuung, diese ist jedoch nicht auf Abruf verfügbar und erreichbar. Bei einem Online-Broker läuft die Kundenbetreuung spärlich ab, Telefonate sind mühsam und Berater oftmals nur schwer erreichbar.

Klartext über das Investieren

Anlageberatung ist nie tatsächlich kostenlos

In der Finanzberatung sind Sie es wahrscheinlich nicht gewohnt, für Leistungen zu bezahlen. Bei einem Besuch in einer Bankfiliale ist es schließlich nicht der Fall, dass der Anlageberater Ihnen für seine Leistung ein Honorar ausstellt. Dasselbe gilt bei einem Versicherungsvertreter. Jedoch ist die Beratung nie tatsächlich kostenlos, nur weil Ihnen keine Rechnung ausgestellt wird. Das Geld für die Beratung erhalten die Berater indirekt mit den Produkten, die Sie verkaufen. Banken und Versicherungen kalkulieren die Kosten für die jeweilige Beratung. Das Problem dabei ist jedoch, dass Sie nicht erfahren, wie hoch die Kosten für diese Beratung sind. Sinnvoll ist es daher in jedem Fall, dass Sie sich selbst und aktiv mit dem Thema auseinandersetzen. So sparen Sie auch Kosten.

Die perfekte Geldanlage gibt es nicht

Sie träumen davon, Ihr Geld zu einer hohen Rendite anzulegen, ohne dass Sie dabei ein Risiko eingehen und mit der Möglichkeit, diese Investition jederzeit verkaufen zu können? Da muss ich Sie leider enttäuschen. So eine Form der Investition existiert in der Praxis nicht.

Für Rendite müssen Sie ein Risiko eingehen

Auf vielen Plattformen wird das schnelle Geld durch hohe Verzinsungen versprochen. Häufig gehen Anleger dabei davon aus, dass Sie kein Risiko eingehen. Das ist jedoch nicht der Fall, denn Rendite und Risiko hängen immer unmittelbar zusammen. Nur wer bereit ist, ein gewisses Risiko einzugehen, hat die Möglichkeit, eine Rendite zu erzielen.

Niemand kann die Zukunft vorhersagen

Der Medienbereich rund um Finanzen ist sehr ausgeprägt. Ob Wirtschaftsmagazine oder Börsenbriefe – das Thema ist weit verbreitet und meist emotional geprägt und für den rationalen Investor nicht förderlich. Meist steckt auch eine Marketingstrategie dahinter, die Sie zu einem Kauf verleiten soll. Natürlich gibt es auch exzellente Literatur und Börsenbriefe, Fakt ist jedoch, dass niemand explizit die Zukunft vorhersagen kann und Sie solche Informationen daher mit Vorsicht konsumieren sollten.

Für das Investieren benötigen Sie kein Studium

Um erfolgreich als Investor an der Börse tätig zu sein, benötigen Sie weder ein langjähriges Studium noch eine Ausbildung. Es ist außerdem nicht notwendig, dass Sie sich mit der Thematik permanent beschäftigen – denn Sie müssen nicht jegliche Geschäftsberichte lesen oder einzelne Aktien heraussuchen. Dafür gibt es Investmentfonds oder ETFs, wodurch Sie bereits mit einem geringen Zeitaufwand mit dem Investieren beginnen können.

Abschließende wichtige Tipps

1. **Niemals außerhalb der gewöhnlichen Handelszeiten an der Börse handeln**
   Zu beachten ist hierbei stets der „Spread“, der Unter-

schiedsbetrag zwischen Ankaufspreis und Verkaufspreis. Dieser Unterschiedsbetrag ist insbesondere an Wochenenden oder Feiertagen sehr hoch. Sie haben zwar bei einigen Plattformen die Möglichkeit, dass Sie auch an Wochenenden und Feiertagen Ihre Wertpapiere handeln können, da zahlen Sie aber spürbar mehr, da der Spread an diesen Tagen um ein Vielfaches höher ist. Besser ist es, Sie orientieren sich an den üblichen Handelszeiten an der Börse – die sind beispielsweise bei XETRA von 09:00 bis 17:30 Uhr. Während dieser Öffnungszeiten ist die Liquidität an der Börse besonders hoch und die außerbörslichen Plattformen sind zudem verpflichtet, sich an den Märkten zu orientieren. Bei viel gehandelten Wertpapieren gibt es oftmals keinen Spread. Beim Handel von amerikanischen Wertpapieren sollten Sie sich an den Handelszeiten der NYSE orientieren, diese sind von 15:30 bis 22:00 MEZ.

2. **Vergessen Sie nicht, einen Freistellungsauftrag zu stellen!**
   Als Anleger haben Sie die Möglichkeit, Ihren Sparerpauschbetrag zu nutzen. Als Einzelperson beträgt dieser 801 EUR, für ein verheiratetes Paar demnach 1602 EUR. Dies ermöglicht es Ihnen, dass Sie diesen Betrag jedes Jahr steuerfrei nutzen können. Wenn Sie 801 EUR Kursgewinne, Zinsen oder Dividenden erhalten, müssen Sie diesen Betrag demnach nicht mit der Kapitalertragsteuer versteuern lassen. Die

Kapitalertragsteuer ist eine Quellensteuer, die der in Deutschland ansässige Broker direkt für Sie an das Finanzamt abführt. Wenn Sie jedoch keinen Freistellungsauftrag angegeben haben, berücksichtigt Ihr Broker den Sparerpauschbetrag nicht und führt die Kapitalertragsteuer für Ihre gesamten Erträge an das Finanzamt ab.

3. **Lassen Sie Ihr Kapital nicht ungenutzt am Verrechnungskonto liegen!**
   Wenn Sie mit dem Investieren anfangen möchten, müssen Sie dafür zuerst Geld von Ihrem Bankkonto auf Ihr Verrechnungskonto überweisen. Nicht selten kommt es vor, dass man trotzdem anfangs noch zögert und überlegt, bevor man das Kapital vom Verrechnungskonto tatsächlich in Wertpapiere veranlagt. Viele vergessen dabei jedoch, dass dies gerade bei Online-Brokern teuer werden kann, denn die Broker verrechnen Ihnen Gebühren – aufgrund von Negativzinsen – für das Parken Ihres Kapitals.

4. **Vermeiden Sie hohe Handelskosten**
   Einige Broker erscheinen auf den ersten Blick recht günstig und lukrativ, schlagen dann aber Gebühren in Form von versteckten Kosten auf, z. B. Börsenplatzgebühren. Mittlerweile sind Broker dazu verpflichtet, sämtliche anfallende Kosten für den Anleger transparent aufzuschlüsseln und dies bereits vorab und nicht erst nachdem der Handel durchgeführt wurde.

5. **Passen Sie auf, dass Sie nicht das Wertpapier vom falschen Unternehmen kaufen**
   Während der Coronakrise stieg die Nachfrage nach der Onlineplattform Zoom, die Videokonferenzen ermöglicht. Einige Anleger kauften fälschlicherweise die Aktie von Zoom Technologies – da es hier zu einer Verwechslung kam. Dies beweist, dass eine gewissenhafte und aufmerksame Recherche essenziell für die Investition ist. Denn nach kurzen Kurssteigerungen durch Investoren, die die Aktie vom falschen Unternehmen kauften, stürzte diese auch wieder ab. Wichtig ist, dass Sie auf die ISIN (Internationale Wertpapiernummer) oder WKN (Wertpapier-Kennnummer) achten, mit der Sie eine Aktie eindeutig identifizieren können.

6. **Seien Sie vorsichtig mit dem Handel von Derivaten**
   Viele Broker versuchen, die Anleger zum Kauf von Derivaten zu verführen, anstatt richtige Aktien zu kaufen. Broker verdienen an Ihrem Kauf von Derivaten, sprich Hebelprodukten, deutlich mehr, als wenn Sie nur herkömmlich eine Aktie kaufen. Das Risiko ist bei Derivaten jedoch deutlich höher und meist nur absolutes Glücksspiel und Zocken.

Nach diesen 6 abschließenden Tipps für den Start in Ihr Aktien- und ETF-Investor-Dasein sind wir nun auch schon am Ende des Ratgebers angelangt. Ich hoffe, es war für Sie eine gelungene Einführung in die spannende Welt der Wertpapiere und dass

Sie den ein oder anderen Punkt für Ihren persönlichen Vermögensaufbau mitnehmen und anwenden können. Ich wünsche Ihnen auf Ihrem Weg alles Gute!

Ihr

Marcel Friedmann

Impressum

Self-Publishing

Herausgeber dieses Buches
und Verantwortlicher für den Inhalt ist:

Marcel Friedmann

Wird vertreten durch:

Dennis Schöndienst, Lindenstraße 25,
78606 Seitingen-Oberflacht
E-Mail: dennis.schoendienst@gmail.com

Printed in Poland
by Amazon Fulfillment
Poland Sp. z o.o., Wrocław

88039630R00081